Oluwaseun Awosejo

Factores que influenciam a utilização de sistemas de informação contabilística numa conta

Oluwaseun Awosejo

Factores que influenciam a utilização de sistemas de informação contabilística numa conta

ScienciaScripts

Imprint

Any brand names and product names mentioned in this book are subject to trademark, brand or patent protection and are trademarks or registered trademarks of their respective holders. The use of brand names, product names, common names, trade names, product descriptions etc. even without a particular marking in this work is in no way to be construed to mean that such names may be regarded as unrestricted in respect of trademark and brand protection legislation and could thus be used by anyone.

Cover image: www.ingimage.com

This book is a translation from the original published under ISBN 978-3-659-81934-6.

Publisher:
Sciencia Scripts
is a trademark of
Dodo Books Indian Ocean Ltd. and OmniScriptum S.R.L publishing group

120 High Road, East Finchley, London, N2 9ED, United Kingdom
Str. Armeneasca 28/1, office 1, Chisinau MD-2012, Republic of Moldova, Europe
Printed at: see last page
ISBN: 978-620-8-18072-0

RECONHECIMENTO

Em primeiro lugar, gostaria de agradecer a Deus Todo-Poderoso, que me deu a força e a coragem necessárias para suportar este projeto.

Em segundo lugar, estou verdadeiramente grato ao Professor Raymond, M. Kelwaletswe, o meu orientador de dissertação, o seu empenho na excelência e a sua dedicação à investigação inspiraram-me ao longo deste projeto. O Professor Kekwaletswe também fez comentários e avaliações oportunos e informativos em todas as fases do processo de dissertação. Com a sua orientação e apoio, consegui manter-me concentrado e motivado.

Gostaria também de agradecer o apoio que me foi dado pelo Sr. Andries Masengi, um antigo estatístico da unidade de investigação do mercado empresarial da Universidade da África do Sul (UNISA), para as análises estatísticas do estudo. Agradeço ainda ao Dr. Tunde Ajala pelo excelente trabalho que efectuou nesta tese, sem a sua intervenção incisiva, este trabalho não teria sido concluído.

Agradeço também à minha família, ao meu primo Dapo Olayemi e a um amigo, o Sr. Sanya Agunbiade, por terem sido pacientes comigo durante todos estes anos. Estou profundamente grato aos meus pais, o Sr. e a Sra. JP Awosejo, a quem egoisticamente roubei muito tempo, mas cujo apoio foi infinito ao longo de todo este projeto.

Por último, gostaria de agradecer aos inquiridos do meu estudo (que permanecem anónimos por razões de confidencialidade) por terem tirado tempo das suas agendas ocupadas para participarem neste projeto de investigação. Os seus comentários e opiniões foram inestimáveis.

RESUMO

O potencial das TIC para melhorar a qualidade do serviço profissional nas organizações contabilísticas é geralmente reconhecido. Embora existam muitos estudos sobre os sistemas de informação numa organização contabilística, a aceitação e a utilização de sistemas de informação contabilística para obter uma vantagem competitiva em relação aos clientes e aos concorrentes, a fim de melhorar o seu trabalho e os seus serviços, não é amplamente conhecida.

O objetivo deste estudo foi explorar os factores que influenciam a utilização de sistemas de informação contabilística nas organizações sul-africanas. Os constructos factores sociais, factores organizacionais, utilidade percebida e facilidade de utilização percebida foram testados para a aceitação, adoção e utilização de sistemas de informação contabilística (SIA). As quatro hipóteses foram testadas para examinar a relação positiva entre as quatro variáveis. Foi utilizado um questionário para medir os quatro construtos do estudo. Os dados foram recolhidos através de um inquérito postal enviado a 150 inquiridos, dos quais 104 foram devolvidos. O estudo foi concebido em duas organizações em Pretória, com escritórios adicionais em Joanesburgo e Durban, na África do Sul, que foram utilizadas como estudo de caso.

Foi utilizado o teste T de amostras emparelhadas no SPSS para determinar a significância estatística entre os factores sociais e os factores organizacionais, bem como entre outras variáveis. Com base nos resultados da análise estatística, pode deduzir-se que a utilização do SIA é relativamente aceite nas empresas de contabilidade, em resultado da "mudança" que advém da utilização dessa aplicação. A utilização do SIA, que é uma aplicação baseada em computador, traz uma nova tendência de mudança às formas convencionais de contabilidade, de uma forma informatizada para a qual a maioria das pessoas não está preparada e não considera muito difícil adaptar-se à mudança trazida pela utilização dos sistemas de informação contabilística. Com base na análise dos dados, parece que a utilização do SIA é principalmente influenciada pelo desejo da "organização de utilizar sistemas de informação para se manter competitiva".

Palavras-chave: Contabilidade, Sistemas de informação contabilística, Prática profissional, Organização contabilística, África do Sul

ÍNDICE DE CONTEÚDOS

TABELA DE ABREVIATURAS

Al - Alignment	CBIU-Computer - based Information Use	EFT- Electronic Fund Transfer	PC – Personal Computer
AC – Activity Theory	DI- Diffusion Innovation	ICT- Information Communication Technology	SA- South Africa
AIS- Accounting Information Systems	PEOU- Perceived Ease of use	I S- Information Systems	SMEs- Small and Medium Manufacturing Enterprise
An – Analysis	PU- Perceived Usefulness	IT- Information Technology	TQM- Total Quality Management
ATU – Attitude Towards use	SPSS-Statistical Package for the Social Science	I V- Independent Variables	TUT- Tshwane University of Technology
BSP- Business Strategy Planning	TAM- Technology Acceptance Model	JIT Just – in - Time	S f -Social Factor
BI- Behaviour Intention	TPB- Theory of Panning Behaviour	MIS- Management Information Systems	IU -Intention of Use

Publicações de investigação com revisão por pares resultantes do estudo

Awosejo O. Johnson, Kekwaletswe R. Mompoloki e Pretorius. (2104); Recomendação de sistemas de informação para motivar a empresa de contabilidade na África do Sul. *Em um processamento do 4 Conferência Internacional sobre Comunicação e Gestão da Informação (ICICM2014) a ser realizada em Genebra, Suíça, de 8 a 9 de outubro de 2014*

Awosejo, O.J, P. Pretorius, E.B. Ajala & O.Y. Agunbiade (2014): *Adoção de Sistemas de Informação Contábil em uma Organização na África do Sul, Africa Journal of Comp & ICTs. Vol 7, No. 1. Pp 127-136. (IEEE)*

Sr. Awosejo[1] O.J. Prof, Kekwaletswe[2] , Sr. Pieter, Pretorius[3] e Zuva. T (2013) *O Efeito dos Sistemas de Informação Contabilística na Contabilidade; Na revista internacional de investigação informática avançada (IJACR) Índia 2013*

Awosejo OJ, Kekwaletswe, RM e Pretorius P, (2013) O impacto dos sistemas de informação numa organização contabilística. *Nos anais da 21ª Conferência IBIMA International Business Information Management Association a ser realizada na Áustria, 27-28 de junho de 2013*

Awosejoi O.J. Pieter, Pretorius3 e Zuva.T Ajala EB (2013) o papel dos sistemas de informação numa empresa, *In the International Journal of Computer Science Applications & Information Technologies (IJCSAIT) e-ISSN: 2347-4157 &p-ISSN: 2347-453X*

Awosejo, OJ e Kekwaletswe, RM (2012) Uma proposta de enquadramento para os factores que influenciam a utilização de sistemas de informação contabilística numa organização contabilística. *In the proceedings of the 17th Annual World Conference on E-learning in Corporate, Government, Healthcare and Higher Education.Montreal, Quebec, Canada. 9 a 12 de outubro de 2012.*

Awosejo OJ e Kekwaletswe, RM e Pretorius, P (2013) Factores que influenciam a utilização de sistemas de informação contabilística numa organização contabilística. *Nos anais da 9.ª Conferência Anual sobre Ciência da Computação e Sistemas de Informação. Atenas, Grécia. maio, 20-23, 2013*

CAPÍTULO 1

INTRODUÇÃO

1.1   ANTECEDENTES DO ESTUDO

A revolução em curso nas tecnologias da informação (TI) teve uma influência significativa nos sistemas de informação contabilística (SIE). A melhoria das TI trouxe consigo a melhoria dos computadores (Tanis, 2009). Atualmente, quase todas as organizações utilizam computadores na sua atividade diária. À medida que os computadores se tornam mais pequenos, mais rápidos, mais fáceis de utilizar e menos dispendiosos, a informatização do trabalho contabilístico continua a apresentar o mercado competitivo de uma forma dinâmica (Ismail, 2007). As actividades contabilísticas que anteriormente eram realizadas manualmente podem agora ser realizadas com a utilização de sistemas automatizados, o que permite que os contabilistas realizem as suas actividades de forma mais eficaz e eficiente do que antes (King, 2007).

Tanis (2009) sugere que muitas empresas estão atualmente a aplicar sistemas de produção just-in-time para poderem fornecer bens e serviços aos seus clientes a tempo e minimizar todos os tipos de inventários para reduzir os custos relacionados com os inventários. A utilização de computadores pelos contabilistas de custos e de gestão ajudá-los-á a facilitar a utilização de sistemas de produção just-in-time. Na realidade, os sistemas de informação contabilística (SIA) na África do Sul não operam apenas no seu ambiente concorrencial direto (outras empresas locais), mas também enfrentam desafios para prosperar no mercado. Os SIA facilitaram o êxito das actividades das empresas de contabilidade.

A importância do SGA na economia de uma nação tem sido reconhecida em todo o mundo, especialmente na contribuição para a gestão económica da África do Sul, onde o contributo do SGA para o crescimento, a criação de emprego e o progresso social é altamente valorizado. O papel desempenhado pelas empresas de contabilidade foi reforçado pelo desenvolvimento do SIA, que contribuiu para os valores profissionais acrescentados a estas organizações (Laves, 2010). De facto, os SIA automatizados, utilizados por especialistas em software para processar sistemas de informação contabilística com um bom suporte de demonstrações financeiras, reduziram o fator de erro humano, em comparação com os sistemas não automatizados (Tanis, 2009). O SIA também fornece informações sobre os orçamentos reais da organização que ajudarão a gestão da empresa a planear e controlar as operações comerciais.

Uma boa gestão dos recursos e um melhor controlo dos custos, da orçamentação e da previsão incentivam o bem-estar do AIS para gerar continuamente lucros. O AIS desempenhou um papel crucial que contribuiu para os aspectos de valor acrescentado, fornecendo dados gerados internamente a partir das demonstrações financeiras. (Romney et al, 2009) considera que os planos estratégicos viáveis devem ter por base a história da organização, os activos e as capacidades actuais da organização e as tendências do funcionamento da organização.

Sistemas de informação em geral

Um sistema de informação é um meio organizado de recolha, introdução e tratamento de dados e de armazenamento, gestão, controlo e comunicação de informações para que uma organização possa atingir os seus objectivos e metas (Romney et al 2009). Esta definição de sistemas de informação mostra que um sistema de informação tem os seguintes componentes

(1) *Metas e Objectivos* - um sistema de informação é concebido para atingir mais metas e objectivos. Por exemplo, um sistema de informação pode ser concebido para recolher e processar dados sobre os empregados para ajudar o gestor a preparar relatórios sobre os salários.

(2) *Entradas* - Os dados devem ser introduzidos no sistema de informação antes de serem processados, uma vez que os dados são os factos que estão a ser recolhidos e processados pelos sistemas de informação. Os dados não têm significado e são inúteis se não forem processados, pelo que devem ser processados e transformados numa forma significativa, organizada e útil, a que se chama informação.

(3) Saída - A saída é a informação significativa e útil produzida pelos sistemas de informação. Por exemplo, o relatório semanal sobre os salários produzido pelos sistemas de informação é um output.

(4) *Armazenamento de dados* - Para além da entrada de dados externos nos sistemas de informação, devem existir dados armazenados internamente utilizados para o processamento.

(5) *Processadores* - Para produzir informação útil e significativa, os dados têm de ser processados pelas empresas através de computadores.

(6) *Instruções e procedimentos* - Um sistema de informação produz dados através das seguintes instruções e procedimentos. Num sistema de informação informatizado, o software inclui procedimentos e instruções que orientam o computador para processar os dados. Os utilizadores são pessoas que utilizam a informação produzida pelo sistema e que interagem com os sistemas. Por exemplo, o gestor que utiliza as demonstrações financeiras produzidas por um sistema de informação contabilística é o utilizador do sistema de informação.

(7) *Medidas de controlo* - Para que o sistema de informação produza informações corretas e sem

erros, devem ser tomadas as medidas necessárias para proteger e controlar o sistema de informação.

Assim, qualquer sistema que inclua os componentes acima referidos é conhecido como um sistema de informação.

Sistema de informação contabilística (AIS)

A contabilidade é a função de serviço que visa fornecer aos utilizadores informações quantitativas. Por outro lado, o SIA é um sistema de informação concebido para tornar possível a realização das funções contabilísticas. O SIA processa dados e transacções para fornecer aos utilizadores as informações de que necessitam para planear, controlar e operar as suas empresas (Romney et al, 2009). Um sistema de informação contabilística é um sistema informatizado que utiliza computadores concebidos para recolher dados, introduzir, processar, armazenar e comunicar dados e informações.

A aceitação e as melhorias na tecnologia facilitaram um sistema de informação que começou no início dos anos 50, quando os primeiros computadores comerciais ficaram disponíveis, e que ainda está em curso (Ismail, 2007). Os grandes computadores mainframe foram substituídos por computadores pessoais pequenos e rápidos a custos mais baixos. Consequentemente, os sistemas de informação contabilística que anteriormente eram executados manualmente são agora executados por computadores na maioria das empresas (Odunbanjo, 2009). As empresas podem agora recolher, processar, armazenar e transmitir dados com a ajuda de computadores. Enquanto a recolha e o processamento de dados eram efectuados manualmente nos sistemas históricos, a recolha e o processamento de dados em linha passaram a ser efectuados por sistemas informáticos (Sore, 2009). No trabalho manual de contabilidade, os sistemas eram muito lentos e fastidiosos, o que conduzia a erros e enganos (Laves, 2010). Felizmente, as melhorias tecnológicas permitiram às empresas recolher, processar e recuperar dados rapidamente. Neste caso, a função dos sistemas manuais que foi explicada na secção anterior pode ser explicada para os sistemas informáticos da seguinte forma: (fonte de Tanis, 2009).

Função de introdução de dados - No trabalho de contabilidade manual, os contabilistas realizam o seu trabalho através da obtenção de documentos e, posteriormente, lançam todos os lançamentos contabilísticos nas contas do livro-razão utilizando uma caneta. Por outro lado, no SIA informatizado, após a recolha dos dados, estes devem ser convertidos numa forma legível (Sori, 2009). Na maioria dos SIA informatizados, são utilizados dispositivos de automatização dos dados de origem que captam os dados no momento e no local da sua origem. Por exemplo, o leitor de código de barras utilizado nas lojas de venda a retalho pode registar a transação de venda, assim que o dispositivo de leitura lê o código localizado nos produtos (Tanis et al, 2009)

Além disso, um ficheiro mestre é utilizado para armazenar dados sobre entidades numa base de dados informatizada AIS. Os ficheiros principais substituíram os livros auxiliares utilizados nos sistemas manuais. Por exemplo, os registos de um ficheiro mestre de contas a receber incluem nomes de clientes, números de contas de clientes, endereços e saldo devedor. Os ficheiros principais são frequentemente actualizados automaticamente à medida que as transacções se realizam. Por exemplo, à medida que as vendas são efectuadas ou as contas a receber são cobradas, os ficheiros principais das contas a receber são alterados. Para além do ficheiro principal das contas a receber, são mantidos outros ficheiros principais para todas as outras rubricas do balanço e da demonstração de resultados, como as contas a pagar, os activos fixos e as despesas (Ismail, 2007).

Processamento de dados - Nos sistemas informáticos, os registos são actualizados através de chaves primárias que identificam cada registo de forma única. Por exemplo, quando ocorre uma transação de venda, o ficheiro do cliente relevante deve ser atualizado, de modo a encontrar o ficheiro mestre do cliente. Os números de conta de cliente podem ser utilizados como chave primária, porque cada cliente tem uma conta de cliente única. Por outras palavras, não é possível que dois ou mais clientes tenham um número de conta de cliente comum (Tanis, 2009).

Como o AIS actualiza o ficheiro de um cliente

Como se viu acima, quando uma venda a crédito é feita a um cliente, o computador procura o cliente relevante no ficheiro de contas a receber através do número de conta do cliente, assegurando assim que não irá para o cliente errado, porque cada cliente tem o seu próprio número de conta único. Quando o cliente desejado é encontrado, o montante na coluna do saldo atual é atualizado automaticamente (Romney, 2009). Saída de informação - Depois de os dados serem introduzidos no processo de saída do computador, a saída de informação é produzida para satisfazer as necessidades dos utilizadores.

A informação é apresentada sob três formas: um documento, um relatório e uma resposta a uma consulta. Os documentos são registos das transacções que uma empresa efectua em dados como, por exemplo, facturas (Odubanjo, 2009). Estes documentos podem ser impressos utilizando impressoras e, além disso, podem ser armazenados como imagens electrónicas na base de dados do computador (Tanis, 2009).

Atualmente, os sistemas de comunicação eletrónica permitem que as empresas transmitam os relatórios financeiros aos utilizadores por via eletrónica, o que, naturalmente, elimina a burocracia e reduz os custos. Num sistema de contabilidade manual, as transacções são primeiro registadas num diário e, em seguida, são lançadas numa conta de contabilidade necessária (Ismail et al, 2009). No final de cada período contabilístico, as demonstrações financeiras são preparadas utilizando os balanços finais e as contas do razão. Num SIA informatizado, todas as informações são reunidas em tabelas, pelo que as demonstrações financeiras podem ser preparadas em qualquer altura, bastando introduzir o comando necessário no computador (Veyis, 2009).

Ferramentas de software nos sistemas de informação contabilística

Os contabilistas devem estar familiarizados com as ferramentas de software porque estas ajudam o utilizador a desempenhar as funções contabilísticas de forma mais eficaz e eficiente (Sori, 2009).

Software de contabilidade - O software contém os elementos básicos das funções contabilísticas, como a entrada, o processamento e a saída (Smith, 1999). Existem duas classificações de software de contabilidade: low-end e high-end. O software de gama baixa é um software tudo-em-um, o que significa que todas as funções do sistema de contabilidade são executadas num software diferente. Por conseguinte, o software de gama baixa é utilizado para uma pequena empresa. Por outro lado, no software de topo de gama, cada função contabilística é apresentada num módulo separado. Cada módulo verifica a correção dos dados, processa-os, actualiza todas as contas relevantes e, finalmente, produz resultados como documentos e relatórios (Ismail, 2007).

Imposto sobre o rendimento - A legislação fiscal está sempre a mudar, o que torna o seu tratamento extremamente aborrecido. Por conseguinte, a preparação manual dos impostos está a tornar-se cada vez mais difícil e morosa. Felizmente, as empresas dispõem atualmente de software de preparação de impostos. Assim, em vez de processar os impostos manualmente, as empresas podem simplesmente utilizar computadores e software para efetuar as funções. Assim, o cálculo manual dos impostos é fastidioso e complexo, ao passo que um computador com a utilização de software prepara os impostos de forma correta e significativa num período de tempo muito curto.

Auditoria - As TI também influenciaram a informatização da profissão de auditor: se os auditores desempenharem a função manualmente, a deteção de fraudes, erros e equívocos na computação final é demorada. No entanto, estão atualmente disponíveis pacotes de software de auditoria para a profissão de auditor (Veyis et al, 2009). Por exemplo, o software de balancetes permite aos auditores introduzir corretamente o trabalho no balancete, tratar todos os tipos de lançamentos de ajustamento e calcular automaticamente o balancete ajustado. Além disso, um pacote de software pode aceder ao ficheiro do cliente, selecionar uma amostra estatística das contas e imprimir uma folha de papel de trabalho (Tanis, 2009). Os auditores podem utilizar computadores pessoais para reduzir significativamente os seus custos.

Processamento de texto - O processamento de texto consiste na criação, edição, correção, manipulação, armazenamento e impressão de dados textuais assistidos por computador (Romney et al, 1997). Os contabilistas utilizam software de processamento de texto para preparar relatórios, facturas, memorandos e demonstrações financeiras.

Software gráfico - Os gráficos podem ser preparados utilizando software gráfico, para que possam ser impressos em papel ou apresentados em diapositivos, transparências e fotografias. Muitos auditores e contabilistas de gestão utilizam o software gráfico para representar graficamente os dados nas demonstrações financeiras e nos relatórios.

Intercâmbio eletrónico de dados (EDI) - O intercâmbio eletrónico de dados permite que as empresas comuniquem entre si por via eletrónica. Por conseguinte, o EDI permite que as empresas troquem documentos entre si. Por exemplo, uma rede informatizada permite que o comprador e o fornecedor troquem ordens de compra e facturas eletronicamente sob a forma de imagens (Romney et al, 1997).

Transferência eletrónica de fundos (EFT) - As empresas podem agora ligar-se aos bancos através da EFT. Este sistema permite às empresas efetuar pagamentos e cobranças por via eletrónica. Neste caso, quando uma empresa pretende pagar as contas a pagar a um fornecedor, pode fazê-lo através de EFT (Romney et al, 1997). Sempre que uma empresa efectua uma venda, a transação é imediatamente debitada na conta bancária do cliente e simultaneamente creditada na conta da empresa. Além disso, todas as contas relevantes, tais como contas a receber e caixa, são imediatamente actualizadas pelos sistemas informáticos (Tanis, 2009).

O resto deste capítulo está organizado da seguinte forma: em primeiro lugar, a Secção 1.2 apresenta o desenvolvimento teórico; a Secção 1.3 apresenta o problema de investigação. A secção 1.4 apresenta a questão de investigação, seguida das finalidades e objectivos da investigação na secção 1.5. A Secção 1.6 apresenta as hipóteses de investigação, seguidas da conceção e da metodologia de investigação na Secção 1.7. Em seguida, a Secção 1.8 apresenta as linhas gerais da dissertação. Por fim, a Secção 1.9 apresenta o processo de investigação, a Secção 1.10 a estrutura da investigação e, em seguida, a conclusão do capítulo e uma antevisão do capítulo seguinte.

1.2   DESENVOLVIMENTO TEÓRICO

Neste estudo, considerámos a teoria da inovação da difusão da tecnologia (ID) e o modelo de aceitação da tecnologia (TAM), (Atta well, 1992) e a teoria da empresa baseada nos recursos

(Werner, 1995). Ambas as teorias foram adoptadas por investigadores anteriores como base teórica para investigar os papéis do empenho da gestão e dos peritos externos em matéria de SIA para ultrapassar a falta de conhecimentos e de recursos que as pessoas enfrentam na implementação do SIA e que, por conseguinte, podem influenciar a eficácia do SIA.

De acordo com a teoria da difusão da tecnologia de Attawell (1992), as empresas tendem a atrasar a adoção da tecnologia devido à falta de conhecimentos sobre a forma de implementar e operar o SIA. Por exemplo, Kim (1996) constatou que a falta de pessoal qualificado leva à ausência de atividade no SGA. Do mesmo modo, Odunbanjo (2010) constatou que a consciência financeira dos gestores no Reino Unido é muito variável, o que pode levar a uma implementação ineficaz do SGA. Nestas circunstâncias, os académicos (Marshall, 2003) defendem que as entidades mediadoras, como os vendedores, os consultores e as agências governamentais, podem desempenhar um papel vital no SIE. Embora o gestor possa fornecer os conhecimentos especializados nas suas áreas de atividade, uma combinação de conselhos de vários peritos externos pode fornecer informações relevantes para uma implementação eficaz do SIA. Para além dos três peritos externos acima referidos, normalmente encontrados na literatura sobre o SIA, as empresas de contabilidade têm de desempenhar um papel importante na aplicação do SIA (Kim, 1996), porque as empresas de contabilidade podem prestar aconselhamento nos domínios dos custos, das despesas e do fluxo de caixa para apoiar o acompanhamento e o controlo. Entretanto, os consultores e os vendedores podem ajudá-los a escolher a tecnologia correta para satisfazer as necessidades de informação da empresa (Funke, 2009). Por conseguinte, o apoio destes peritos externos melhora os conhecimentos informativos e técnicos relativos à implementação do SIA.

No entanto, Thong (2001) argumenta que os gestores têm o poder de afetar recursos à implementação do SIA. Por conseguinte, tendo em conta a difusão da tecnologia e a teoria baseada nos recursos, o modelo concetual deste estudo é a teoria segundo a qual o empenhamento dos gestores e os conhecimentos externos são supostos atenuar a barreira do conhecimento e a pobreza de recursos que os utilizadores enfrentam na implementação do SIA.

A importância do empenhamento da gestão para a eficácia do SIA tem sido consistentemente reconhecida na literatura sobre o SIA (King, 2007). De acordo com Laudon (1991), existem duas razões pelas quais os gestores apoiam a implementação do SIA. Em primeiro lugar, os gestores estão na melhor posição para identificar oportunidades de negócio para a exploração do SIA. A razão é que são os gestores que melhor compreendem as suas actividades (Thong et al., 1996). Assim, os gestores podem alinhar o SIA com os objectivos e estratégias da empresa (Alves, 2010). Em segundo lugar, a implementação do SIA exige um investimento substancial e tem um impacto em toda a organização (Kim, 1996). No caso das PME, os gestores têm autoridade para garantir a afetação de recursos suficientes e criar um ambiente mais propício à implementação do SIA (Sori, 2009). Além disso, o empenhamento dos gestores, sob a forma de conhecimentos sobre o SIA e de participação na sua implementação, incentivaria os utilizadores a desenvolver atitudes positivas em relação à utilização do SIA, contribuindo assim para uma transição mais suave da não utilização do SIA para a utilização do SIA (Thong et al., 1996). Além disso, os dados empíricos demonstraram que o empenhamento da gestão está positivamente associado à perceção da facilidade de utilização e da utilidade do SIA. Por conseguinte, o empenhamento da gestão em relação ao SIA pode fazer a diferença entre uma implementação bem ou mal sucedida do SIA (Smith, 1999).

1.3   PROBLEMA DE INVESTIGAÇÃO

Embora a informação gerada por um sistema de informação contabilística possa ser eficaz no processo de tomada de decisões, a compra, instalação e utilização de um sistema deste tipo são benéficas quando os benefícios excedem os custos (Nash, 1989). Atualmente, nas organizações empresariais sul-africanas, os dados são o mais importante, uma vez que são produzidos diferentes tipos de informação a partir dos dados. Quando a quantidade de dados é grande, torna-se mais difícil processá-los manualmente. A fim de obter resultados rápidos e informações atempadas, os sistemas de informação são utilizados em quase todas as organizações (Kim, 1996). À medida que uma empresa cresce, a quantidade de dados também aumenta, pelo que se torna mais difícil processá-los manualmente. Com a utilização de sistemas de informação, os dados podem ser processados com rapidez, uma vez que a informação é gerada rapidamente. Para gerir uma empresa com sucesso e eficácia, é muito importante tomar decisões atempadas. Esta tomada de decisões baseia-se nas informações obtidas a partir dos dados armazenados (Olugbode et al, 2008). Um sistema de informação fornece as informações necessárias de uma forma completa e abrangente. Ajuda a tomar decisões sobre a empresa de tal forma que a informação pode ser enviada a muitas pessoas em menos tempo. Seguem-se algumas das vantagens dos sistemas de informação num ambiente contabilístico: acesso central, cópia de segurança fácil, distribuição central da informação, manutenção fácil de registos e identificação fácil das caraterísticas do cliente (Chen et al, 2007).

Quando as empresas de contabilidade entram no mercado global, todos os gestores têm de fazer face a grandes pressões para facilitar o crescimento e o êxito da empresa. No presente estudo, os sistemas de informação enfrentam diferentes desafios: (a) o empacotamento de software com diferentes licenças em diferentes países, o que dificulta a sua gestão nos SI, (b) a atualização dos computadores antigos existentes, (c) as alterações ambientais que exigem que o pessoal de todos os níveis do departamento de SI forneça informações atempadas e de alta qualidade e apoie a inovação, (d) os problemas tecnológicos e (e) os factores económicos. Todos estes desafios causam problemas na utilização dos sistemas de informação contabilística (Marshall et al 2003). Os sistemas de informação contabilística enfrentam numerosos desafios que não permitirão que as organizações apoiem ou aceitem a utilização de AIS nas empresas sul-africanas.

Antes do aparecimento dos sistemas de informação contabilística, os profissionais da contabilidade utilizavam métodos tradicionais (também conhecidos como métodos convencionais) que faziam o seguinte: atribuíam e imputavam os custos indirectos da fábrica aos artigos fabricados com base no volume, como o número de unidades produzidas, as horas de mão de obra direta ou as horas de máquina de produção, através da utilização de máquinas de escrever, calculadoras, réguas, canetas e lápis. Isto fez com que os contabilistas passassem muito tempo a verificar matematicamente os números da empresa (Odunbanjo 2010). Erros simples, como a transposição de números ou a introdução de informações na coluna incorrecta, podem criar erros significativos. Os sistemas de informação tornaram-se tão importantes que:

- Permitem a uma organização controlar, reduzir custos e aumentar o desempenho.
- Permitem-lhe gerir, controlar as finanças e os recursos.
- Ajudam a operar em planos estratégicos dinâmicos e a longo prazo.

- Fazem com que o utilizador do AIS detecte facilmente erros e enganos simples.
- Permitem igualmente que o utilizador da informação contabilística conheça a utilidade dos vários tipos de informação organizacional, a fim de desempenhar a sua função (Adam, 2009).

Atualmente, na África do Sul, a utilização de sistemas de informação está a crescer, o que trouxe alguns desafios às organizações empresariais e à África do Sul como nação. A forma como um indivíduo numa organização adopta o método operacional de um sistema de informação contabilística, a estrutura do sistema de informação que satisfaz a procura da organização individual e os desafios enfrentados num ambiente tão competitivo podem variar. Talvez o efeito de tais desafios não tenha feito com que os sistemas de informação contabilística crescessem tão rapidamente como se esperava neste país. Mas é inevitável que as TI tenham alterado a natureza das antigas operações contabilísticas, especialmente na forma como essas organizações conduzem as suas actividades comerciais.

1.4   QUESTÃO DE INVESTIGAÇÃO

Com base no problema de investigação anterior, este estudo aborda as seguintes questões

- Quais são os factores sociais que influenciam a utilização dos sistemas de informação contabilística?

- Quais são os factores organizacionais que influenciam a utilização do AIS?
- Qual é o nível de satisfação, em termos de objetivo e intenção, da utilização do AIS?
- O que determina a aceitabilidade, a adoção e a utilização do AIS?
- Que quadro pode ser utilizado para determinar a adoção e utilização do AIS?

1.5 OBJECTIVO E OBJECTIVOS DA INVESTIGAÇÃO

O principal objetivo desta investigação foi explorar e analisar os factores que influenciam a utilização dos sistemas de informação contabilística nas organizações contabilísticas.

Para atingir este objetivo, utilizamos os seguintes objectivos de investigação:

- Investigar os factores sociais que influenciam a utilização do AIS.
- Investigar os factores organizacionais que influenciam a utilização do AIS.
- Determinar em que medida o SIA é utilizado pelas empresas de contabilidade para atingir os objectivos pretendidos.
- Investigar a aceitabilidade, a adoção e a utilização do AIS.
- Desenvolver um quadro para a adoção e utilização do AIS.

1.6 HIPÓTESES DE INVESTIGAÇÃO

Mouton (1990) define uma hipótese como uma afirmação na qual é indicada uma relação garantida entre duas variáveis diferentes. No âmbito da investigação quantitativa, as hipóteses são testadas. Isto significa que a relação estatística entre dois fenómenos é determinada.

Numa organização contabilística, os gestores planeiam com outros para atingir os objectivos da organização. Aplicam as informações fornecidas pelo planeamento para determinar os factores que afectam a aceitação e a utilização de um sistema de informação contabilística, a fim de atingir esses objectivos. No contexto deste estudo, as principais hipóteses são:

Hipótese1:

H1: Existe uma relação positiva entre os factores sociais e os factores organizacionais na utilização do AIS

H0: Não existe uma relação positiva entre os factores sociais e os factores organizacionais

Hipótese 2:

H1: Existe uma influência positiva entre os factores sociais e a perceção de utilidade do
AIS

H0: Não existe uma influência positiva entre os factores sociais e a utilidade percebida

Hipótese 3:

H1: Existe uma relação positiva entre os factores organizacionais e a perceção da
facilidade de utilização do AIS.

H0: Não existe uma relação *positiva* entre os factores organizacionais e a perceção da
facilidade de utilização do AIS

Estas hipóteses e a literatura que as fundamenta são apresentadas no capítulo seguinte.

1.7 BREVE PANORÂMICA DA CONCEPÇÃO E DA METODOLOGIA DA INVESTIGAÇÃO

O presente estudo utilizou um paradigma de investigação positivista e a abordagem de investigação foi de natureza quantitativa. Tendo em conta a questão de investigação e os objectivos, a natureza deste estudo foi dupla, no sentido em que foi simultaneamente descritivo e explicativo. O inquérito foi utilizado porque o cenário da investigação e a unidade de análise foram os sistemas de informação contabilística utilizados na província de Gauteng. O tipo de investigação utilizado no estudo foi "causa e correlação". O horizonte temporal do estudo foi o corte transversal.

Os dados foram recolhidos através de um inquérito por correio. O inquérito começou com o envio de um questionário a 200 funcionários de empresas de contabilidade na província de Gauteng, na África do Sul. Para efeitos do estudo, foi utilizado um método de amostragem não científico.

No presente estudo foi efectuada a seguinte análise estatística:

- Foram calculadas estatísticas descritivas para as seguintes variáveis demográficas: sexo, idade, nível de escolaridade, experiência em sistemas de informação contabilística, contabilistas, gestores, número de estagiários na área da contabilidade, empresas de contabilidade e organização.
- Fiabilidade e validade da medição de cada instrumento: factores sociais, factores organizacionais, facilidade de utilização percebida, utilidade percebida e condição facilitadora.

- Análise da correlação entre a perceção da facilidade de utilização, o objetivo da utilização pretendida, a perceção da utilidade e a condição facilitadora
- Análise de regressão
- Teste de hipóteses

A análise estatística foi realizada na unidade de inovação de investigação da Universidade de Tecnologia de Tshwane (TUT) e o pacote de software SPSS Versão 18 foi utilizado para efeitos do presente estudo.

1.8   MOTIVAÇÃO E SIGNIFICADO DA INVESTIGAÇÃO

O estudo foi motivado pela literatura académica na área dos sistemas de informação contabilística (SIA), dos sistemas de informação de gestão (SIG) e dos sistemas de informação (SI). A investigação anterior realizada sobre os sistemas Just-in-Time (JIT) no AIS para melhorar o trabalho contabilístico apelou a sistemas automatizados. Este facto motiva todas as empresas a aplicarem agora sistemas de produção JIT no seu trabalho com a ajuda de computadores e software (Tanis, 2009). A eficácia destes sistemas fornece ao cliente bens e serviços a tempo e minimiza todos os tipos de papelada (Veyis, 2009). Apenas um número limitado de estudos de investigação sobre os factores que influenciam a utilização dos sistemas de informação foi aceite na África do Sul, especialmente nas pequenas empresas. No entanto, os factores que influenciam a utilização dos sistemas de informação numa organização contabilística, enquanto problema, fizeram com que o SIA ainda não fosse completamente aceite no contexto da África do Sul. Assim, os factores que influenciam a utilização dos sistemas de informação são susceptíveis de ter uma influência significativa na natureza da organização ou da empresa, proporcionando assim uma vantagem competitiva às empresas sul-africanas.

O estudo contribui de forma significativa para a literatura de investigação existente sobre os factores que influenciam a utilização dos sistemas de informação, investigando e compreendendo o conceito de factores que determinam a utilização do AIS nas empresas sul-africanas. Não temos conhecimento de qualquer investigação anterior que tenha examinado a relação entre os factores e as variáveis utilizadas no estudo e também no contexto sul-africano.

1.9   PROCESSO DE INVESTIGAÇÃO

O processo de investigação começa com a identificação dos problemas de investigação (ver o resto do Capítulo 1 e, em particular, o ponto 1.3 supra) e uma análise da revisão da literatura relevante na presente área de estudo. Esta inclui os sistemas de informação (SI), os factores organizacionais que influenciam a utilização de SIA, os factores motivacionais para a adoção de software de contabilidade, os factores sociais que influenciam a utilização de sistemas de informação contabilística, as caraterísticas dos factores organizacionais e a utilização de SIA pelas empresas de contabilidade (ver Capítulos 2 e 3). A conceção e a metodologia da investigação são descritas em pormenor no Capítulo 4, e os resultados do estudo são apresentados no Capítulo 5. O último capítulo apresenta a conclusão, as limitações e as recomendações do estudo. Em geral, o estudo segue as etapas lógicas ilustradas na Figura 1.1.

Figura 1.1 Fases lógicas do estudo

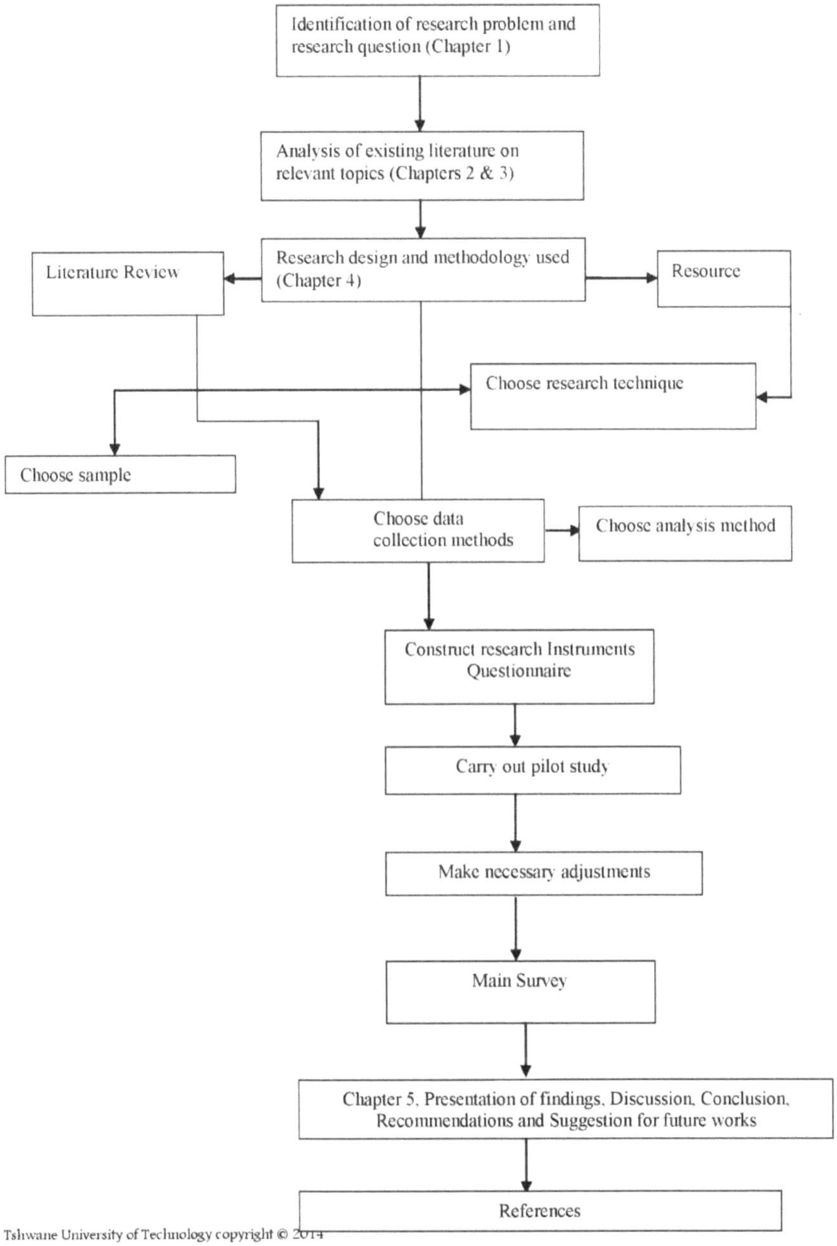

Fonte: adaptado de Edwards e Talbot, 1999

1.10   ESTRUTURA DE INVESTIGAÇÃO

Este estudo segue a estrutura recomendada pela investigação social e empresarial (Neuman, 2003) e é composto por 6 capítulos. Este capítulo serve de introdução e abrange os antecedentes do estudo, o desenvolvimento teórico, o problema de investigação, a questão de investigação, os objectivos de investigação, as hipóteses de investigação, a conceção e a metodologia da investigação, a motivação e o significado da investigação, o processo de investigação e a estrutura da investigação.

As secções dos restantes cinco capítulos são apresentadas da seguinte forma:

C capítulo 2 Este capítulo apresenta uma revisão da literatura na presente área de estudo com as seguintes secções:

- Introdução
- Definição de sistemas de informação contabilística
- Caraterísticas dos sistemas de informação contabilística
- Natureza do trabalho contabilístico e enquadramento do AIS
- Factores sociais que influenciam a utilização do SIA contabilístico
- Factores organizacionais que influenciam a utilização do AIS.
- Utilização do AIS pelas organizações contabilísticas
- Adoção da utilização do AIS
- Trabalho relativo

C capítulo 3 O objetivo da investigação é proporcionar uma visão da compreensão na área da adoção do quadro teórico:

- Quadro teórico e modelos de investigação
- Definição e construção-chave do modelo de aceitação de tecnologia
- Relações de hipóteses
- Importância do TAM na investigação para o estudo de investigação.
- Uma visão geral do quadro teórico de Triandis
- A importância do Quadro Triandis
- Adoção do conceito de Triandis para determinar a aceitação e a utilização do AIS
- Classificação das variáveis de medição

C capítulo 4 Este capítulo apresenta o paradigma e a metodologia utilizados no presente estudo, compreendendo as secções seguintes:

- Introdução
- Instrumento de medição
- Operacionalização das variáveis de investigação
- Recolha de dados
- O inquérito principal
- Análise de dados
- Formulação de hipóteses estatísticas
- Resumo

C capítulo 5 Apresentação dos resultados no capítulo - todos os resultados do inquérito são apresentados nas secções seguintes:

- Validade e fiabilidade
- Correlação

- Teste de hipóteses

- Discussão, conclusões, recomendações e sugestões para trabalhos futuros

1.11   RESUMO

Este capítulo apresentou os antecedentes do estudo, o desenvolvimento teórico, o problema de investigação, os objectivos da investigação, uma breve panorâmica da conceção e da metodologia da investigação, a motivação da investigação e concluiu com o esboço da dissertação. No Capítulo 2, será apresentada a revisão da literatura relevante.

CAPÍTULO 2

REVISÃO DA LITERATURA

2.1   INTRODUÇÃO

Este capítulo apresenta evidências que apoiam a compreensão dos conceitos-chave e das teorias que orientaram este estudo. A essência é mostrar o caminho da investigação anterior e a forma como o projeto atual está ligado a ela, integrar e resumir o que se sabe nesta área, aprender com os outros e estimular novas ideias (Neuman, 2003). A tecnologia da informação (TI) é a automatização de processos, controlos e produção de informação utilizando computadores, telecomunicações, software e equipamento auxiliar, como caixas automáticas e cartões de débito (Khalifa 2002).

As TIC tornaram-se uma ferramenta importante para proporcionar uma vantagem competitiva às empresas, sobretudo ao sector bancário, às instituições financeiras e à profissão de contabilista, em termos do número de computadores utilizados e do nível das infra-estruturas de telecomunicações (Funke, 2009). A tecnologia de comunicação lida com os dispositivos físicos e o software que ligam vários componentes de hardware de computador e transferem dados de um local físico para outro.

Laudon (1991) defende que os gestores não podem ignorar os sistemas de informação porque estes desempenham um papel fundamental nas organizações contemporâneas e salienta que todo o fluxo de caixa da maioria das empresas da Fortune 500 está ligado aos sistemas de informação. Estas empresas adoptaram as tecnologias da informação para promover mudanças na gestão das relações com os clientes, do fabrico, das aquisições, da cadeia de abastecimento e de todas as outras actividades essenciais (Agarwal *et al.,* 2002), a fim de reforçar as suas capacidades competitivas. As empresas afirmam que este método é menos exigente em termos de recursos e gera um processo em que existem protocolos normalizados para as operações dos processos empresariais.

Além disso, (Funke, 2009) salientou que eram necessárias duas etapas obrigatórias para implementar um sistema de informação em toda a organização: em primeiro lugar, um conjunto bem concebido de processos empresariais ou cadeia de valor; em segundo lugar, um exercício cauteloso de pensamento estratégico, planeamento operacional e consulta com todos os utilizadores finais do sistema para facilitar a satisfação do utilizador e, por sua vez, uma melhor utilização do sistema e a melhoria do desempenho.

Irechukwu, 2002, enumerou alguns serviços bancários que foram revolucionados pela utilização das TIC, incluindo a abertura de contas, o mandato de conta do cliente e o processamento e registo de transacções.

2.2 DEFINIÇÕES E CARACTERÍSTICAS DO AIS

Esta secção examina as definições, caraterísticas e potenciais benefícios do AIS.

2.2.1 Definições AIS

Não existe na literatura uma definição universalmente aceite de sistemas de informação contabilística (SIA). As definições do termo têm variado consoante o peso atribuído aos três elementos do termo. Além disso, os papéis dos utilizadores finais diferem em termos de estilos de gestão pessoal, hierarquia e dimensão da organização.

Os sistemas de informação contabilística são considerados como um subsistema dos sistemas de informação de gestão (SIG). Considerar a contabilidade como um sistema de informação é, porventura, a mais recente definição de contabilidade. Pela primeira vez, em 1996, o Instituto Americano de Contabilistas Públicos Certificados (AICPA) declarou que: "A prática dos sistemas de informação contabilística das teorias gerais da informação no domínio das actividades económicas efectivas consiste numa parte importante da informação que é apresentada sob a forma quantitativa (Dalci, et, al 2009).

De acordo com a definição acima, a contabilidade é uma parte do sistema geral de informação de uma entidade económica. Tanis (2009) define os sistemas de informação contabilística como sistemas que operam as funções de recolha de dados, processamento, categorização e reporte de eventos financeiros, com o objetivo de fornecer informação relevante para efeitos de contagem, orientação da atenção e tomada de decisões. O Sistema de Informação Contabilística (SIE) é desenvolvido entre uma ou duas ou mais unidades de uma empresa para atingir um objetivo específico (Alves, 2010). Contém pequenos subsistemas que suportam sistemas maiores, incluindo pessoas, métodos, informação e software e infra-estruturas de tecnologias de informação (Romney, 2009). O AIS pode ajudar as unidades de negócio e resolver problemas de curto prazo dos gestores nas áreas do preço final, custos e fluxo de caixa através do fornecimento de informação para apoiar e supervisionar as empresas no ambiente dinâmico e competitivo, e para ajudar a integração destas empresas e as considerações operacionais e programas estratégicos a longo prazo (Mitchell, 2003).

O Sistema de Informação Contabilística (SIA) é vital para todas as organizações (Rahman, 1998) e talvez todas as organizações, com ou sem fins lucrativos, necessitem de manter o SIA.

Para compreender o termo Sistema de Informação Contabilística, existem três frases que constituem o SIA. Em primeiro lugar, a literatura documenta que a contabilidade pode ser identificada em três componentes: Sistema de Informação, Linguagem de negócios e Fontes de informação financeira (Dalci, et al 2009). Em segundo lugar, a informação é um processamento de dados valioso, que fornece uma base para a tomada de decisões, a adoção de medidas e o cumprimento de obrigações legais. Por último, o sistema é uma entidade integrada em que o quadro está centrado num conjunto de objectivos. A combinação das três frases nos sistemas de informação contabilística indica um quadro integrado numa entidade (tal como uma empresa comercial) que emprega recursos físicos (materiais, fornecimentos, pessoal, equipamento e fundos) para transformar dados económicos em informação financeira para conduzir o funcionamento e as actividades da empresa e fornecer informação relativa à entidade a uma variedade de utilizadores interessados. De facto, a combinação ou interação entre humanos, tecnologia e técnicas permitiria a uma organização administrar os seus conhecimentos (Bagozi, et al 1992)

2.3 CARACTERÍSTICAS DE UM SISTEMA DE INFORMAÇÃO CONTABILÍSTICA

Um sistema de informação contabilística envolve o processo de transformação de dados sobre as operações de uma organização em informação que as várias partes interessadas podem utilizar para uma miríade de fins (Veyis, 2009). No entanto, os sistemas de informação contabilística (SIE) apresentam estas dez caraterísticas:

2.3.1 Completude

Veyis, (2009) um bom sistema de informação contabilística é completo, o que significa que fornece aos utilizadores previstos toda a informação necessária para satisfazer as suas necessidades e requisitos de informação. A exaustividade também sugere que toda a informação necessária é incluída em qualquer relatório que a organização produza, no pressuposto de que não haverá erros ou omissões na informação.

2.3.2 Relevância

Há sempre um objetivo a cumprir, quando é necessária informação contabilística. Para que a informação contabilística seja valiosa, deve ser relevante para o objetivo e para o utilizador pretendido. É importante que qualquer número ou relatório se cinja ao objetivo e não forneça mais informação do que a necessária. A informação irrelevante desperdiça tempo e pode aumentar o custo da produção de informação.

2.3.3 Exatidão

É quase evidente que um sistema de informação contabilística deve ser exato. O que isto significa é que a informação deve ser suficientemente exacta para o fim a que se destina, sem ser desnecessariamente pormenorizada. Uma informação inexacta não pode fornecer uma representação válida da realidade e pode limitar a eficácia ou o valor de qualquer decisão nela baseada.

1. Clareza

É inútil dispor de informações exactas, atempadas e completas, se estas não forem claras para o utilizador da informação. A capacidade do utilizador para entender e compreender corretamente a informação é fundamental. Esta é outra razão pela qual as normas contabilísticas são criadas e aplicadas.

2. Comunicado corretamente

É necessário que as organizações monitorizem as actividades e um sistema de informação contabilística é útil para o fazer. No entanto, uma boa informação deve ser corretamente comunicada a quem dela necessita. Os departamentos de contabilidade não devem limitar-se a criar os relatórios necessários, mas comunicá-los aos utilizadores da informação de uma forma que aumente o valor da informação.

3. Atualidade

Uma vez que a informação tem um objetivo, existem normalmente períodos dentro dos quais estes objectivos funcionam.

4. Confiança

Uma das principais razões pelas quais os auditores independentes auditam algumas informações contabilísticas é para inspirar confiança na validade e no valor das informações. Este é um aspeto vital de uma boa informação contabilística, especialmente quando são tomadas decisões críticas com base nessa informação. Deve haver confiança na competência e integridade daqueles que produzem a informação contabilística,

(Veyis, 2009)

5. Volume

A sobrecarga de informação pode ser um problema, particularmente com as limitações inerentes à mente humana. A informação contabilística tem de ser destilada de forma a ser clara e concisa e a não sobrecarregar o utilizador. Um volume desnecessariamente elevado de informação (embora exacta e relevante) pode fazer isso mesmo.

6. *Eficiência de custos*

A informação valiosa não deve custar mais a produzir do que o seu valor. Esta é a razão pela qual a informação que é produzida mais regularmente do que o necessário é menos útil e valiosa do que a informação que é produzida para satisfazer uma necessidade ou requisito específico.

7. *Comunicação através do canal correto*

A informação contabilística pode ser apresentada e comunicada de várias formas. O fator mais importante é saber se a informação é comunicada e distribuída através do canal adequado (Sori, 2010). Uma vez que um sistema de informação contabilística é criado para um determinado utilizador, é possível avaliar a adequação do canal de comunicação pelo seu efeito no utilizador pretendido. Alguns sistemas de informação contabilística podem ser comunicados informalmente, enquanto outros requerem uma abordagem muito formal que respeite rigorosamente as normas.

Num dado momento, algumas caraterísticas podem ser mais importantes do que outras, mas, em geral, uma boa informação contabilística possui todas ou a maioria das dez qualidades acima referidas. Uma vez que os sistemas de contabilidade gerem procedimentos para introduzir, acompanhar e manter com precisão as informações relacionadas com as operações financeiras de uma organização, estas aplicações de contabilidade suportam normalmente o livro-razão (GL), as contas a pagar (A/P) e as contas a receber (A/R), a folha de pagamentos, o cálculo de custos de trabalhos e projectos e a contabilidade multinacional (Funke 2009) .

2.4 A RELEVÂNCIA DA AIS NO TRABALHO CONTABILÍSTICO

A principal função do SIA é atribuir um valor quantitativo à situação económica passada, presente e futura. O SIA, através do seu sistema contabilístico informatizado, produz a demonstração financeira - nomeadamente, a demonstração de resultados, o balanço e a demonstração de fluxos de caixa (Sori 2009). O sistema processa os dados e transforma-os em informações contabilísticas durante as fases de entrada, processamento e saída, que serão utilizadas por uma grande variedade de utilizadores, nomeadamente utilizadores internos e externos (Wilkinson, 2000). Wilkinson (2000) observou que um AIS eficaz desempenha várias funções-chave ao longo destas três fases, tais como a recolha de dados, a manutenção e a gestão dos dados, o controlo dos dados (incluindo a segurança) e a produção de informações.

O papel desempenhado por uma função contabilística foi reforçado através do desenvolvimento do SGA, que, por sua vez, contribui para o aspeto do valor acrescentado da profissão na organização

(Rahman, 1988). De facto, um SIA automatizado utilizado por uma organização acelera o processo de produção de demonstrações financeiras e reduz os erros humanos em comparação com um SIA não automatizado, o que contribui para o valor atual dos contabilistas.

O SIA também fornece informações sobre os dados reais e orçamentais da organização, o que ajuda a gestão da empresa a planear e controlar as operações comerciais. Uma boa gestão dos recursos e um melhor controlo dos custos, da orçamentação e da previsão aumentam o bem-estar para continuar a gerar lucros (Sori, 2009). O SIA também desempenha um papel crucial que contribui para o elemento de valor acrescentado, fornecendo dados gerados internamente a partir das demonstrações financeiras. Rahman (1988) considera que um plano estratégico viável deve ter dados baseados na história da organização, nos activos e capacidades actuais da organização e nas tendências do funcionamento da organização.

Conceção de sistemas (síntese): a análise é revista exaustivamente e é criado um novo sistema. Os sistemas que rodeiam o sistema atual são frequentemente os mais importantes. Que dados têm de entrar no sistema e como é que vão ser tratados? Que informação precisa de sair do sistema e como é que vai ser formatada? Se soubermos o que tem de sair, sabemos o que temos de introduzir no sistema e o programa que seleccionarmos terá de tratar o processo de forma adequada. O sistema é construído com ficheiros de controlo, registos mestre de amostras e a capacidade de

realizar processos numa base de teste. O sistema é concebido de modo a incluir controlos internos adequados e a fornecer à gestão as informações necessárias para a tomada de decisões. O objetivo de um sistema de informação contabilística é fornecer informações que sejam relevantes, significativas, fiáveis, úteis e actuais (Marshall *et al.*, 2009).

Documentação: à medida que o sistema vai sendo concebido, é documentado. A documentação inclui a documentação do fornecedor do sistema e, mais importante ainda, os procedimentos ou instruções pormenorizadas que ajudam os utilizadores a lidar com cada processo específico da organização. A maior parte da documentação e dos procedimentos está em linha e é útil que as organizações possam completar as instruções de ajuda fornecidas pelo fornecedor do software. A documentação e os procedimentos tendem a ser uma reflexão tardia e a documentação é testada durante a formação, para que, quando o sistema for lançado, não haja dúvidas de que funciona e de que os utilizadores estão confiantes com a mudança.

Testes: antes do lançamento, todos os processos são testados, desde a entrada até à saída, utilizando a documentação como ferramenta para garantir que todos os processos estão completamente documentados e que os utilizadores podem facilmente seguir os procedimentos, para que saibam que funcionam e que os procedimentos serão seguidos de forma consistente por todos os utilizadores. Os relatórios são revistos e verificados, de modo a que não haja lixo na entrada e lixo na saída.

Formação: antes do lançamento, todos os utilizadores devem receber formação sobre os procedimentos. Isto significa que um formador utiliza os procedimentos para mostrar a cada utilizador final como lidar com um procedimento. Os procedimentos têm frequentemente de ser actualizados durante a formação, uma vez que os utilizadores descrevem as suas circunstâncias únicas e o "desenho" é modificado com esta informação adicional. O utilizador final executa então o procedimento com o formador e a documentação.

Conversão de dados: são desenvolvidas ferramentas para converter os dados do sistema atual (que foi documentado na análise de requisitos) para o novo sistema. Os dados são mapeados de um sistema para o outro e são criados ficheiros de dados que funcionarão com as ferramentas desenvolvidas. A conversão é exaustivamente testada e verificada antes da conversão final.

Lançamento: o sistema só é implementado após a conclusão de todos os passos anteriores. Toda a organização tem conhecimento da data de lançamento.

Apoio: Os utilizadores finais e os gestores dispõem sempre de apoio contínuo. As actualizações do sistema seguem um processo semelhante e todos os utilizadores são cuidadosamente informados das alterações, actualizados de forma eficiente e formados (Marshall, 2009)

2.5 FACTORES SOCIAIS QUE INFLUENCIAM A UTILIZAÇÃO DA INFORMAÇÃO CONTABILÍSTICA

SISTEMAS

Como referido anteriormente, a influência social foi motivada pelo interesse na utilização de sistemas de informação contabilística e pelas mudanças de atitude dos indivíduos através de estímulos externos, como a informação que lhes é comunicada (Kelman, 1999). Especificamente, esta investigação tenta compreender como uma atitude resultante de estímulos externos é uma mudança superficial temporária, com o objetivo de a tornar uma mudança duradoura que se integra no sistema de valores da pessoa. Ambos sugeriram que as mudanças de atitude e de ação produzidas pela influência social ocorrem a diferentes níveis. Um deles explicou que a natureza e o nível das mudanças que ocorrem correspondem a diferenças no processo pelo qual o indivíduo aceita uma influência ou se conforma.

Mais recentemente, verificou-se que os factores sociais influenciam as atitudes e a intenção de agir com comportamentos ilegais e não éticos (Davis *et al.*, 1996). Sugere-se que factores sociais como as normas, os papéis e os valores a nível da sociedade podem influenciar um consumidor individual. As expectativas, percepções e interações dos pares, como amigos, associados e família, constituem factores sociais e podem influenciar as atitudes e a perceção em relação a um comportamento específico nos sistemas de informação contabilística. Kelman (1999) Aplicados à utilização de um sistema de informação, esses factores sociais influenciam o processo que determina o empenho do utilizador individual ou, especificamente, a ligação psicológica à utilização de qualquer nova tecnologia da informação. Por outras palavras, os processos subjacentes em que um indivíduo se envolve quando adopta um comportamento induzido podem ser diferentes, mesmo que o comportamento manifesto resultante possa parecer o mesmo. (Kelman, 1999) distinguiu três aspectos diferentes que fazem com que os factores sociais influenciem os sistemas de informação contabilística e que são: conformidade, identificação e internalização.

Conformidade: quando um indivíduo adopta o comportamento induzido, não por acreditar no seu conteúdo, mas na expetativa de obter recompensas ou evitar punições.

Identificação: quando um indivíduo aceita uma influência porque quer estabelecer ou manter uma relação satisfatória e auto-definida com outra pessoa ou grupo.

Internalização: quando um indivíduo aceita uma influência porque esta é congruente com o seu sistema de valores. Ao distinguir estes processos, é possível determinar se o comportamento de utilização é causado pela influência dos referentes na intenção do indivíduo ou pela sua própria atitude.

Kelman (1999) observou que cada um dos três processos acima referidos é caracterizado por um conjunto distinto de condições antecedentes, correspondendo a um padrão caraterístico de respostas internas (pensamentos e sentimentos) em que o indivíduo se envolve ao adotar o comportamento induzido. Davis (1996) descreveu os factores sociais como um grupo de pessoas, em conjunto com os sistemas, que percepcionam a utilização dos sistemas de informação contabilística e os apoiam, e que têm influência nas atitudes e comportamentos dos consumidores face ao ato. Isto significa que, se o grupo percecionar a utilização do SIA como um ato aceitável, então terá uma atitude positiva em relação ao SIA. No entanto, (Kelman, 1999) concluiu que as influências sociais geram um sentimento de interiorização e identificação por parte do utilizador. O apoio de uma influência positiva no sentido da aceitação e internalização do comportamento induzido para a adoção de sistemas de informação contabilística desempenha um papel mais forte na formação da aceitação e utilização do SIA do que a perceção da utilidade. Davis *et al.* (1996) explica como as funções dos factores sociais influenciam e afectam o empenho do utilizador na utilização de sistemas de informação contabilística, o que parece importante para compreender, explicar e prever a utilização do sistema e o comportamento de aceitação. Foram utilizadas várias teorias concorrentes para investigar e determinar a aceitação e a utilização de novas tecnologias da informação num sistema de informação contabilística (Venkatesh et al, 2003).

2.5.1 Caraterísticas da inovação tecnológica

As caraterísticas da inovação tecnológica são também factores importantes que influenciam os sistemas de informação contabilística. Rogers (1983) delineia as caraterísticas desejáveis da inovação tecnológica, sendo elas as vantagens relativas, a compatibilidade, a complexidade, a observabilidade e a experimentabilidade.

• *Vantagem relativa:* a perceção de que uma inovação é muito melhor do que a sua antecessora.

• *Compatibilidade*: a coerência de uma inovação é percebida em relação aos valores existentes, às experiências passadas e às necessidades dos adoptantes-alvo.

• *Complexidade*: o grau de dificuldade de aprendizagem e utilização de uma inovação.

• *Observabilidade*: O grau de visibilidade dos resultados da inovação para os outros.

• *Experimentabilidade*: É a forma como uma inovação pode ser experimentada, antes da sua adoção.

A teoria de Roger (1983) sobre a adoção de software de contabilidade como inovação sugere que o software deve ser considerado melhor do que o sistema anterior (muito provavelmente, um sistema de contabilidade manual) e deve ser consistente com as necessidades do adotante, tais como ser capaz de lidar com o SIA, ser fácil de aprender e garantir que o software de contabilidade deve estar disponível numa base experimental. Na última década, (Thong,1999) o advento de microcomputadores potentes e de baixo custo, associado a um software de contabilidade de fácil utilização, melhorou e eliminou a barreira à adoção da inovação informática.

2.5.2 Factores de motivação para a adoção de software de contabilidade

O advento de microcomputadores potentes e de baixo custo, juntamente com software de contabilidade de fácil utilização, permitiu que um grande número de PME implementasse as TI nos últimos anos (Raymond e Bergeron 1992). A necessidade de facilitar a gestão financeira é outro fator de motivação para a adoção de software de contabilidade. Além disso, alguns investigadores identificaram uma ligação entre as utilizações de um sistema de avaliação de competências (CAS) para melhorar o desempenho das empresas nos SIE (Smith 2002).

2.5.3 Ferramentas informáticas no processo contabilístico

Esta secção inclui as ferramentas de software mais frequentemente utilizadas e a sua utilização mais adequada. Os contabilistas não estavam tão familiarizados com todas as ferramentas de software porque utilizavam diferentes pacotes de software em diferentes organizações, mas ao utilizar pacotes de software de contabilidade, o utilizador realiza o trabalho contabilístico de forma mais eficaz e eficiente.

Software de contabilidade

Dalci (2002) descreve o software de contabilidade que contém as funções contabilísticas básicas, tais como entrada, processamento e saída. Existem duas classificações de software de contabilidade: de gama baixa e de gama alta. O software de gama baixa é um software tudo-em-um, o que significa que todas as funções do sistema de contabilidade são executadas num único software. Por conseguinte, o software de gama baixa é utilizado para pequenas empresas, enquanto que, por outro lado, no software de gama alta, cada função contabilística é apresentada num módulo separado. Cada módulo verifica a exatidão dos dados, processa-os, actualiza todas as contas relevantes e, finalmente, produz resultados, tais como documentos e relatórios.

O software de contabilidade baseado em *computadores pessoais* (PC) permite às empresas informatizar os seus sistemas manuais e fornecer informações melhores e mais atempadas. Além disso, os PCs foram ligados a outros PCs através de uma rede. Estes permitem às empresas processar um número indefinido de transacções que ocorrem em diferentes locais simultaneamente em alguns minutos.

Imposto sobre o rendimento: Como a legislação fiscal está a mudar frequentemente, torna-se extremamente difícil lidar com ela. Por conseguinte, a preparação manual dos impostos está a tornar-se cada vez mais difícil e morosa. Felizmente, existe atualmente um software de preparação de impostos para as empresas.

Por conseguinte, em vez de processar os impostos manualmente, as empresas podem utilizar software informático para efetuar as mesmas funções. Assim, mesmo cálculos complexos podem ser efectuados através de computadores num curto espaço de tempo.

Auditoria: As tecnologias da informação também informatizaram a profissão de auditor. Se os auditores efectuarem as funções de auditoria manualmente, isso leva tempo. No entanto, estão atualmente disponíveis para os auditores pacotes de software de auditoria. Por exemplo, o software de balancetes permite que os auditores introduzam o balancete de trabalho, tratem todos os tipos de lançamentos de ajustamento e calculem automaticamente o balancete ajustado. Além disso, os pacotes de software podem aceder a ficheiros de clientes, selecionar uma amostra estatística das contas e imprimir uma folha de papel de trabalho (Dalci, 2002).

Processamento de texto: O processamento de texto é a criação, edição, correção, manipulação, armazenamento e impressão de dados textuais assistidos por computador (Romney, et al 1997). Os contabilistas utilizam software de processamento de texto para preparar relatórios, facturas, memorandos e demonstrações financeiras.

Software gráfico: Os gráficos podem ser preparados utilizando software gráfico. Os gráficos podem ser impressos em papel ou apresentados em diapositivos, transparências e fotografias. Muitos auditores e contabilistas de gestão utilizam o software gráfico para representar graficamente os dados nas demonstrações financeiras e nos relatórios.

Processamento de imagens: Criar, armazenar e atualizar documentos em papel leva tempo. Para além disso, é muito dispendioso processar e armazenar documentos. Felizmente, estes custos podem ser eliminados com a ajuda de sistemas de imagem de documentos. O processamento de imagens capta imagens electrónicas de dados para que possam ser armazenadas e partilhadas. Com a ajuda da imagem de documentos, os contabilistas podem digitalizar documentos em papel para o computador e processar todo o ficheiro eletronicamente. As empresas que utilizam a imagem de documentos estão a avançar para um escritório sem papel.

Intercâmbio eletrónico de dados (EDI): O intercâmbio eletrónico de dados permite que as empresas comuniquem entre si por via eletrónica. Por conseguinte, a EDI permite que as empresas troquem documentos entre si por via eletrónica. Por exemplo, uma rede informatizada permite que o comprador e o fornecedor troquem ordens de compra e facturas por via eletrónica sob a forma de uma imagem.

Transferência eletrónica de fundos (EFT): As empresas podem agora ligar-se aos bancos através da EFT, um sistema que permite às empresas efetuar pagamentos e cobranças por via eletrónica. Numa situação em que uma empresa pretende pagar uma conta a um fornecedor, as transacções são imediatamente debitadas na conta bancária do cliente e simultaneamente creditadas na conta da empresa. Além disso, todas as contas relevantes, como as contas a receber e a caixa, são imediatamente actualizadas pelo sistema informático. A utilização do sistema informático acima referido conduziu à automatização do sistema de informação contabilística. Os sistemas de informação contabilística equipados com este tipo de ferramentas tecnologicamente avançadas podem agora desempenhar as funções contabilísticas de forma mais eficaz e reduzir os custos.

A principal vantagem da implementação de software de contabilidade é aumentar a eficiência do desempenho da empresa e facilitar a informação atempada (Burgess, 1997).

2.6   FACTORES ORGANIZACIONAIS QUE INFLUENCIAM A UTILIZAÇÃO DO AIS

De acordo com Hongjiang (1999), os factores organizacionais no mundo contemporâneo têm um enfoque muito maior nas questões sistémicas do que era exigido anteriormente, uma vez que um sistema de informação contabilística (SIA) é um dos sistemas mais críticos na organização que altera a sua forma de captar, processar, armazenar e distribuir informação. Atualmente, é cada vez mais utilizada informação em linha nos sistemas de informação contabilística.

Os factores organizacionais adoptam uma abordagem que coloca os sistemas em primeiro plano e consideram tanto o sistema como os factores de relação humana ao gerirem os seus sistemas de informação contabilística, bem como visam uma elevada qualidade da informação contabilística.

Laudon et al (1991) descreve os factores organizacionais como uma oportunidade para o utilizador final participar na decisão de adotar o novo sistema de informação. Essa participação aumenta a probabilidade de os sistemas de informação escolhidos se enquadrarem num sistema de informação contabilístico e de proporcionarem valor.

Johnson (1989) afirma que os factores organizacionais aumentam o nível de empenho dos utilizadores finais, educando-os sobre a necessidade e a relevância da escolha das tecnologias da informação para os indivíduos e para melhorar o desempenho organizacional.

Hongjiang (2003) sugere que a cultura organizacional também teria um impacto na qualidade dos dados no AIS. Uma boa estrutura organizacional, como a segregação entre departamentos funcionais relevantes, poderia proporcionar controlos eficazes para garantir a qualidade dos dados no AIS. Foi acrescentado um fator adicional, a saber, a cultura organizacional, que significa que a organização tem uma cultura positiva em matéria de gestão eficaz da qualidade dos dados.

Com base no estudo de caso piloto, parecia que os profissionais de outras disciplinas não compreendiam verdadeiramente o processo do SIE e, por conseguinte, poucas organizações compreendiam muito bem as abordagens de controlo da qualidade dos dados que deviam ser utilizadas no SIE. (Hongjiang, 2003) A abordagem da qualidade dos dados no AIS só era compreendida pelos profissionais de contabilidade. Apesar da falta de compreensão generalizada do controlo da qualidade dos dados no SIA, é essencial dispor de actividades e controlos adequados para garantir a qualidade da informação contabilística. Este fator está fortemente ligado a outros factores. Por exemplo, para que os controlos da qualidade dos dados e a gestão do processo AIS sejam bem sucedidos e eficientes, as organizações devem ter formação, comunicação suficiente e boas relações com os trabalhadores.

Além disso, o estudo sugeriu que as organizações devem investir mais na melhoria dos processos e, por conseguinte, devem reorientar a formação dos trabalhadores para satisfazer esta necessidade. A formação é fundamental para que o esforço de melhoria da qualidade de uma organização atinja o seu objetivo. Os desafios que se colocam às organizações que já estão conscientes da melhoria da qualidade residem no facto de não estarem familiarizadas com a quantidade de formação e de ajuda educativa necessárias para apoiar a implementação de estratégias eficazes de melhoria da qualidade (Johnson 1993). Devido ao facto de a falta de formação adequada ter conduzido a resultados negativos ou à incapacidade de atingir os objectivos propostos, algumas organizações falharam nas suas iniciativas de qualidade.

Por conseguinte, um investimento adequado na educação e na formação da força de trabalho é crucial para garantir o êxito da aplicação de estratégias de qualidade. No entanto, muitas iniciativas de qualidade falharam, apesar do grande volume de recursos gastos em formação (Chang, 1993), porque muitos obstáculos impediram a eficácia da formação, tais como uma avaliação inadequada das necessidades, formadores não qualificados e técnicas de formação deficientes.

Muitas vezes, as organizações precipitaram-se em programas de formação sem uma avaliação cuidadosa das necessidades (Johnson, 1989). Por vezes, diretores de qualidade demasiado ambiciosos implementaram programas de formação desnecessários que eram exercícios de sobrecarga de informação, condenando-os ao fracasso (Chang, 1993). Por conseguinte, a fim de garantir resultados positivos na formação, as organizações precisam de completar as fases necessárias para a formação: primeiro, a avaliação das necessidades; segundo, o desenvolvimento; e terceiro, a avaliação. Tem havido investigação sobre a avaliação da eficácia de diferentes técnicas de formação para atingir diferentes objectivos de formação. O resultado deste estudo é importante, na medida em que realça o desempenho da formação para a qualidade dos sistemas de informação contabilística.

2.7   UTILIZAÇÃO DO AIS PELAS ORGANIZAÇÕES CONTABILÍSTICAS

Veyis (2009) sugeriu alguns aspectos importantes da utilização de sistemas de informação contabilística por uma empresa.

2.7.1 O AIS informatizado facilita a aplicação do método pull

A automatização dos procedimentos de produção facilita a aplicação de um sistema de produção just-in-time. Os processos sequenciais no sistema de produção podem ser ligados através de sistemas electrónicos de intercâmbio de dados para trocar informações em tempo útil. O departamento de montagem pode ser ligado ao armazém por via eletrónica. O AIS informatizado pode acompanhar as matérias-primas disponíveis na área de fabrico e enviar automaticamente uma encomenda para o armazém onde se encontram esses materiais, sempre que forem necessários. Além disso, o AIS informatizado pode atualizar rapidamente as contas relacionadas (Funke, 2009).

Por exemplo, quando as matérias-primas são enviadas de um armazém para um departamento de produção, o computador actualiza imediatamente o inventário das matérias-primas e as contas de trabalhos em curso. Quando um departamento de produção fica sem materiais, é enviado instantaneamente um sinal para o departamento anterior. Neste caso, o departamento anterior pode fornecer imediatamente os materiais necessários. Isto significa que a automatização dos sistemas contabilísticos elimina as causas de atraso nos processos de produção. Assim, o risco de ficar sem matérias-primas, mesmo que existam quantidades suficientes disponíveis no armazém, é minimizado. Consequentemente, o risco de entregas tardias de produtos aos clientes é eliminado.

2.7.2 Criação de um ambiente de trabalho limpo e ordenado pelo AIS

Tal como foi explicado nas secções anteriores, a utilização de um AIS informatizado pode ajudar as empresas a reduzir a quantidade de papel e conduz à utilização de um escritório sem papel. A utilização do EDI e do EFT, como se pode ver nos esquemas acima, permitiu às empresas trocar documentos sob a forma de imagens. Além disso, o tratamento de imagens reduz o espaço e os custos associados ao armazenamento de documentos em papel. A poupança neste domínio pode ser substancial, uma vez que uma ótica pode armazenar até 20.000 documentos numa fração (Rommey et al, 1997:594). O movimento em direção a escritórios sem papel cria um ambiente de trabalho limpo e ordenado que utiliza menos funcionários do que anteriormente.

2.7.3 Gestão da qualidade total (TQM)

Tal como explicado nas secções anteriores, num sistema de produção just-in-time, tudo tem de ser de alta qualidade, uma vez que não são permitidas paragens causadas por matérias-primas e trabalhos em curso de má qualidade. A aplicação da TQM deve ser feita num ambiente JLT para garantir a qualidade. Um ambiente de trabalho limpo e ordenado é um dos aspectos mais importantes da TQM. Se se provar que alguns materiais são defeituosos, as empresas devem enviar um substituto o mais rapidamente possível. Se o produto não for entregue a tempo, o calendário corre mal e os custos são enormes (Burgess, 1997). No caso de se verificar que alguns materiais estão defeituosos, pode ser facilmente enviada uma mensagem ao fornecedor e às empresas de transporte, instantaneamente, através do EDI. Assim, os materiais podem ser recebidos num curto espaço de tempo e a operação pode ser continuada sem grandes atrasos, de modo a manter a fábrica a funcionar. Tudo isto contribui para que a utilização do AIS informatizado faça com que as instalações importantes avancem no sentido de uma melhor realização.

2.7.4 ADOPÇÃO E UTILIZAÇÃO DO AIS

Estudos anteriores fazem-nos compreender que a aceitação de um sistema de informação contabilística ao longo de muitos anos resultou na decisão de que os sistemas contabilísticos antigos devem ser substituídos (Funke, 2009). A revolução nos sistemas de informação, que começou no início dos anos 50, quando o primeiro computador comercial ficou disponível, continua a progredir (Nash, 1989:5). Os grandes computadores mainframe foram substituídos por computadores pessoais pequenos e rápidos a custos mais baixos. Consequentemente, o sistema de informação contabilística que era anteriormente executado manualmente é agora executado por computadores na maioria das empresas, para melhorar o trabalho de uma forma eficiente. A rápida evolução das tecnologias da informação, com a utilização generalizada de um sistema de fácil utilização e o grande desejo das organizações de adquirirem e implementarem sistemas informáticos e software actualizados, tornaram os computadores muito mais fáceis de utilizar e permitiram que as tarefas contabilísticas fossem realizadas muito mais rapidamente e com maior precisão (Ismail, 2007). Estas expandem-se continuamente, com o objetivo de aumentar o negócio. O método manual de manter e conservar registos tornou-se impossível de gerir (Kim, 1996), pelo que, com a introdução dos computadores nas empresas, os métodos manuais de contabilidade estão a ser gradualmente substituídos.

Os investigadores desenvolveram muitos modelos para os processos de tomada de decisão e de resolução de problemas. Todos esses modelos descrevem a tomada de decisões como uma atividade complexa e multifacetada. Em primeiro lugar, o problema tem de ser identificado. Depois, a tomada de decisão deve selecionar um método para resolver o problema. Em seguida, a tomada de decisão deve recolher os dados necessários para executar o modelo de decisão, interpretar o resultado do modelo e avaliar o mérito de cada alternativa. Finalmente, o decisor escolhe e executa a solução preferida (Romney et al, 1997). Os sistemas de informação contabilística podem ajudar em todas estas fases da tomada de decisão.

Num sistema informatizado, os computadores são utilizados no processamento de dados e na divulgação de informações contabilísticas aos utilizadores interessados. Atualmente, a maior parte das pequenas empresas acaba por substituir os seus sistemas de contabilidade manuais por sistemas de contabilidade informatizados. Os sistemas informáticos de contabilidade são programas de software que reúnem as várias informações contabilísticas relacionadas com as vendas, as compras, as contas a receber, as contas a pagar, as entradas de caixa, os desembolsos de caixa e os salários. Assim, através deste procedimento, é gerada a demonstração financeira (Islam, 2010).

A maior parte da informação contabilística é gerada a partir de transacções. As transacções das empresas têm atributos contabilísticos e não contabilísticos. Durante os primeiros tempos de informatização dos SIA, os sistemas contabilísticos costumavam ser isolados de outros sistemas de informação e serviam como sistemas de apoio operacional. Hoje em dia, com a disponibilidade de software e hardware mais potentes, flexíveis, económicos e de fácil utilização, a tendência é para uma disposição lógica em que um único sistema pode suportar tanto as necessidades contabilísticas como as operacionais. Os sistemas contabilísticos actuais estão estreitamente ligados a outros sistemas de informação, podendo mesmo estar totalmente integrados nestes. (Wilkinson et al, 2000).

A qualidade da informação é fundamental para o êxito das organizações no ambiente altamente competitivo dos nossos dias. Os sistemas de informação contabilística (SIE), enquanto disciplina do sistema de informação, exigem dados de elevada qualidade. No entanto, é desejável o conhecimento dos factores críticos que são importantes para garantir a qualidade dos dados nos sistemas de informação contabilística. (Hongjiang, 2003). Kim (1989) argumenta que a utilização do SIA depende da perceção da qualidade da informação pelos utilizadores. Geralmente, a qualidade da informação depende da fiabilidade, da forma de relato, da atualidade e da relevância para as decisões.

A eficácia de um sistema de informação contabilística depende também da perceção da tomada de decisão pela utilidade dos sistemas de informação para a informação gerada pelos sistemas, de modo a satisfazer as necessidades de informação para os processos operacionais, a orçamentação de gestão e os controlos dentro da organização. (Smith, 1999).

A utilização e a eficácia de um sistema de informação contabilística podem ser analisadas com base em três aspectos:

1, *Âmbito da informação*
2, *Atualidade*
3, *Agregação*

Âmbito da informação: considera-se que se trata de informação financeira e não financeira, bem como de informação interna e externa que é útil para prever informações sobre acontecimentos futuros.

Atualidade: Uma vez que a informação tem um objetivo, existem normalmente períodos dentro dos quais esses objectivos funcionam. Uma boa informação não é produzida.

Agregação: é considerada como um meio de recolher e resumir a informação num determinado período de tempo. O estudo de Ismail (2007) sobre a satisfação dos utilizadores utiliza alguns conceitos para medir a eficácia dos sistemas de informação contabilística. Estes conceitos são o conteúdo da informação, a exatidão, o formato, a facilidade de utilização e a atualidade.

No contexto das Pequenas e Médias Empresas (PME), um sistema de informação contabilística é importante, pois pode ajudar as empresas a gerir os seus problemas de curto prazo em áreas críticas como os custos, as despesas e o fluxo de caixa, fornecendo informações para apoiar o acompanhamento e o controlo (Mitchell et al, 2000). A informação contabilística é também útil para as empresas que operam num ambiente dinâmico e competitivo, uma vez que pode ajudá-las a integrar iniciativas operacionais num plano estratégico a longo prazo (Ismail e King, 2005).

Este capítulo apresentou provas que apoiaram a compreensão da forma como trabalhos anteriores relacionados orientaram este estudo. A essência é mostrar as diferenças entre os problemas, apresentando os métodos de resolução dos problemas, os métodos de análise e as suas soluções. O presente estudo mostrará como os estudos anteriores estão ligados ao presente estudo, para resumir o que outras pessoas fizeram, para aprender com os outros e estimular novas ideias (Neuman, 2003).

Com base no trabalho de investigação anterior realizado sobre sistemas de informação contabilística, Salehi & Abdipour (2011) indicaram a importância dos sistemas de SIE numa determinada organização. O estudo já investigou as barreiras ao SIA, mencionadas na revisão. As barreiras foram implementadas para testar as postulações nas seis hipóteses dos sistemas de informação contabilística, entre as quais foram testados os gestores intermédios, os recursos humanos, as estruturas organizacionais, os factores ambientais, as questões financeiras e as culturas organizacionais. Foi utilizado o método de questionário para recolher os dados da organização. O resultado obtido foi o seguinte: barreiras na estrutura organizacional 26%, gestores intermédios 26%, recursos humanos 25%, factores ambientais 21%, questões organizacionais 19% e, finalmente, questões financeiras 16%. Todas estas barreiras foram identificadas e analisadas como factores que influenciam o estabelecimento de sistemas de informação contabilística, pelo que todos estes aspectos desencorajaram a aceitação de sistemas de informação contabilística. De um modo geral, para eliminar estes obstáculos, sugere-se que a direção, os gestores financeiros e o pessoal devem receber formação prática em sistemas de informação contabilística por parte de professores experientes. Isto permitiria aos especialistas utilizadores e aos gestores profissionais alargar o âmbito do gestor, esclarecer questões financeiras e beneficiar os sistemas estabelecidos pela gestão da empresa. Isto encorajará o pessoal e os utilizadores a acelerarem o seu desempenho na utilização do AIS. Pensar em todos estes aspectos irá motivar e encorajar o pessoal a participar na iniciativa.

Ismail (2009) examinou a eficácia dos sistemas de informação contabilística (SIA) e os seus factores de influência num contexto específico de pequenas e médias empresas transformadoras (PME) na Malásia. Utilizou um modelo proposto para examinar o impacto da sofisticação do SIA, da participação do gestor na implementação do SIA, dos conhecimentos do gestor sobre o SIA, dos conhecimentos contabilísticos do gestor e da eficácia de peritos externos, como fornecedores, consultores, agências governamentais e empresas de contabilidade, na eficácia do SIA. Utilizou métodos de questionário para recolher dados de 232 PME e também utilizou as empresas registadas para testar o modelo e comparar as variáveis que tinham uma influência significativa na implementação do SIA. O resultado mostra que os conhecimentos contabilísticos dos gestores, a eficácia dos vendedores e as empresas de contabilidade não contribuem significativamente para a eficácia do SIA. Em termos gerais, o estudo incentiva os gestores das PME a adquirirem conhecimentos suficientes sobre os sistemas de informação contabilística para compreenderem melhor as necessidades de informação da empresa. Deste modo, as PME poderão aprender com a implementação do SIA, de modo a que as oportunidades possam ser reconhecidas, com a iniciativa de apoiar as necessidades de informação. A partir deste estudo, a análise de regressão e a correlação não testaram as variáveis de eficácia com a hipótese de que tal não pode permitir a aceitação do SIA.

Fowzia et al (2011) expandiu este estudo sobre a realização do objetivo, determinado pela avaliação dos níveis de perceção de quatro factores como a expetativa de esforço, a influência social, a condição social e a expetativa de desempenho no Bangladesh. Utilizou principalmente questionários para recolher os dados em diferentes instituições financeiras e, na sua análise, apresentou um total de 400 inquiridos de quatro tipos diferentes de instituições financeiras. Concordou fortemente que os bancos, as empresas de locação financeira, as companhias de seguros e as organizações não governamentais apoiam a utilização de sistemas de informação contabilística para melhorar as actividades empresariais. O resultado da análise de regressão mostrou claramente que os factores têm uma influência significativa no SIA. Nenhum destes investigadores investigou os factores sociais, os factores organizacionais, a intenção de utilização e os factores de adoção, utilizando um quadro teórico para determinar a aceitabilidade e a utilização dos sistemas de informação contabilística.

Tanis (2009) provou que o avanço das tecnologias da informação provocou mudanças nos sistemas de informação contabilística. As actividades contabilísticas eram anteriormente executadas manualmente, mas são agora executadas com a ajuda de computadores e utilizando sistemas automatizados. Estes sistemas facilitaram a contabilização dos custos e da gestão. Por outro lado, a maioria das empresas começou a aplicar sistemas de produção just-in-time (JIT) com o objetivo de minimizar todos os níveis de inventário e entregar bens e serviços aos clientes a tempo. Neste sentido, a utilização das TI também ajudou as empresas a aplicar os sistemas de produção JIT de forma mais eficaz. Este estudo centra-se na informação contabilística automatizada e na forma como está a ser aplicada no processo contabilístico. A aceitabilidade e a utilização do SIA ainda não foram estabelecidas e as variáveis de medição da aceitabilidade com a utilização de hipóteses ainda não foram exploradas.

Abduljalil (2009) investigou o AIS com base na utilidade e na facilidade de utilização. Além disso, espera-se que os termos da provável mudança comportamental e de desempenho da aceitação da tecnologia ocorram através da aplicação do desempenho às funções empresariais das organizações do sector público em Tripoli, na Líbia. A mudança foi medida através do nível de aceitação da tecnologia. A investigação confirmou que a relação entre a utilidade percebida e a facilidade de utilização contribui positivamente para a adoção do AIS nas organizações do sector público. Forneceu estimativas do modelo de investigação e sugeriu quais os componentes do item de adoção que terão mais êxito na adoção do AIS. O modelo de investigação está a ser aplicado na adoção do desempenho tecnológico para ser bem sucedido. Com base no estudo, ajuda o governo a analisar o programa existente. Utilizou questionários para recolher os dados e testou as hipóteses apenas em dois construtos.

Sori (2009) também analisou a utilização de sistemas de informação contabilística (SIE) e a sua contribuição para a gestão do conhecimento e o papel estratégico de uma organização. Utilizou uma empresa de construção como estudo de caso para examinar a utilização do AIS. A empresa utilizou um AIS automatizado como contrato mais um pacote de contabilidade financeira e de projeto desenvolvido comercialmente por uma empresa privada. Os utilizadores deste sistema automatizado são as pessoas que operam dentro e fora da empresa e que geram os sistemas para a tomada de decisões. O papel desempenhado pelo AIS melhora as funções contabilísticas de uma organização e acrescenta valor. Enquanto os sistemas anteriores implicavam um trabalho contabilístico manual, a utilização deste sistema automatizado permite ultrapassar as deficiências no tratamento dos dados. O estudo apenas envolve a atualização das competências humanas e o desenvolvimento de software de contabilidade para acelerar o trabalho contabilístico nas empresas de construção. Com base neste estudo, é óbvio que não foi efectuado qualquer método para testar a utilização do AIS, pelo que a sua aceitabilidade está ainda por determinar.

Finalmente, este capítulo permitiu-nos compreender o conceito de sistemas de informação contabilística nas empresas, as caraterísticas, os objectivos e as finalidades. O próximo capítulo apresentará o enquadramento teórico e o modelo de investigação.

CAPÍTULO 3

QUADRO TEÓRICO E MODELO DE INVESTIGAÇÃO

3.1 INTRODUÇÃO

A revisão da literatura sobre os SIE e a natureza do trabalho dos contabilistas e a relevância dos SIE foram discutidas no capítulo anterior, a fim de estabelecer os fundamentos teóricos do modelo de investigação e derivar as hipóteses que podem explicar o comportamento dos contabilistas relativamente à adoção e utilização dos SIE no contexto de uma organização (Davis et al 1989). Este capítulo examina algumas teorias no domínio do ambiente dos sistemas de informação. Também explora os factores sociais e o comportamento organizacional e o modelo de aceitação da tecnologia (TAM) e teorias variáveis como os factores sociais e as condições facilitadoras do quadro de Triandis para estabelecer a base teórica do presente estudo. Este capítulo começa com uma discussão sobre a perspetiva teórica da investigação em AIS. Segue-se uma análise do TAM, da sua construção subjacente e da sua importância nos estudos de investigação sobre o SIA. Além disso, este capítulo examina o quadro de Triandis, os seus constructos subjacentes e a sua importância nos estudos sobre o SIA. Por último, este capítulo apresenta o quadro teórico e o modelo de investigação que dele deriva.

3.2 PERSPECTIVAS TEÓRICAS NOS ESTUDOS DE INVESTIGAÇÃO AIS

No passado, o modelo de aceitação da tecnologia (TAM) representou um importante contributo teórico para a compreensão da utilização do SIA e do comportamento de aceitação do SIA (Davis, 1989). A base teórica, e mais recentemente a Teoria da Ação Fundamentada, tem problemas teóricos e psicométricos: especificamente, observam que é difícil distinguir se o comportamento de utilização é causado pela influência dos referentes na intenção ou pelas próprias atitudes (Galletta, 1999). Sugerem que este problema pode ser contornado através da utilização de uma base teórica alternativa para a concetualização. O foco no modelo baseado na teoria do TAM por (Davis, 1989) explica o comportamento de utilização do computador, e a base teórica do modelo foi (Fishbein, e Ajzen 1975). O objetivo do TAM é fornecer uma explicação dos factores determinantes da aceitação do computador que sejam geralmente capazes de explicar o comportamento do utilizador numa vasta gama de tecnologias informáticas e populações de utilizadores finais. A próxima secção explicará algumas teorias no domínio dos sistemas de informação e qual delas é adequada para adotar.

Estrutura arquitetónica. Mais tarde, Roger (1983) utilizou um quadro arquitetónico de eventos para

42

tomar uma decisão e fornecer informações úteis, uma ajuda a utilizar numa biblioteca de ferramentas para uma base de dados de informações sobre eventos em linha para a extração de dados. A extração de dados é uma nova tecnologia, que se encontra em armazéns de dados e extrai informação escondida no seu interior.

Attewell (1992) pareceu interessado, com base nesta observação, em tentar identificar de forma empírica os elementos que desempenham um papel na decisão de utilizar ou não utilizar a RV na prática clínica. Para tal, optaram por adotar o modelo de aceitação da tecnologia (Davis et al 1996) por representar um dos modelos explicativos com maior influência nas teorias do comportamento humano.

O estudo de Kelman (1958) sobre a influência social foi motivado pelo seu interesse em compreender a mudança provocada na atitude individual por estímulos externos, como a informação que lhes é comunicada. Especificamente, a sua investigação procurou compreender se a mudança de atitude resultante de estímulos externos era uma mudança superficial temporária ou uma mudança mais duradoura que se integrava nos sistemas de valores da pessoa. Sugeriu que a mudança de atitude e de ação é produzida pela influência social. Este estudo utiliza um modelo baseado em teorias para investigar e examinar os factores sociais, individuais, organizacionais e críticos de sucesso que podem explicar o comportamento dos contabilistas na aceitação e utilização do SIA (Bagozzi 1992). Estas teorias estão no domínio do AIS porque permitem aos investigadores obter uma visão útil das reacções das pessoas em relação à tecnologia informática e dos factores que afectam as suas reacções (Davis et al 1989). Apresenta-se de seguida uma breve análise de cada uma destas teorias, bem como do TAM e do quadro de Triandis utilizado para este estudo. Em primeiro lugar, a Tabela 3.1 apresenta um resumo das teorias de investigação sobre SI.

Teoria da atividade - A teoria da *atividade* visa explicar a ligação entre a psicologia humana e a conceção de interfaces informáticas num ambiente de trabalho social. Consequentemente, estabelece a relação entre a interação homem-computador e a conceção de interfaces informáticas, tendo em conta o contexto do ambiente de trabalho (Hasan 2001). Utilizou um estudo qualitativo que envolveu um estudo de caso, uma investigação baseada na possibilidade de a unidade de análise ser investigada durante um período de tempo muito longo. Uma vez que o estudo utilizou uma dimensão temporal transversal em que a unidade de análise é observada num ponto no tempo, não é uma teoria viável para este estudo.

A teoria da *difusão da inovação* - DOI considera que as inovações são comunicadas através de determinados canais ao longo do tempo e num determinado sistema social (Rogers, 1995). Os indivíduos são vistos como possuindo diferentes graus de vontade de adotar inovações e, assim, é geralmente observado que a parte da população que adopta uma inovação é aproximadamente distribuída normalmente ao longo do tempo (Rogers, 1995). A divisão desta distribuição normal em segmentos leva à segregação dos indivíduos nas seguintes cinco categorias de capacidade individual de inovação (dos primeiros aos últimos adoptantes): inovadores, primeiros adoptantes, maioria inicial, maioria tardia e retardatários (Rogers, 1995). O modelo que se centra apenas na inovação não dá atenção suficiente ao facto de o sistema ter de ser utilizado antes de se poder obter um impacto no desempenho. Além disso, o DOI não estabelece as convicções específicas do utilizador sobre a tecnologia, como a perceção da utilidade e da facilidade da tecnologia, que podem influenciar a utilização do sistema através da atitude e da intenção de comportamento do utilizador. Com base no que precede, o modelo DOI não é viável para este estudo.

Teoria do comportamento planeado - incorpora a noção de controlo comportamental percebido como uma influência independente sobre os comportamentos, reconhecendo que há circunstâncias em que se pode esperar que um comportamento tenha consequências positivas, mas que não é realizado devido a uma perceção de falta de capacidade para controlar o comportamento do contabilista. A teoria do comportamento planeado engloba percepções de recursos e condições facilitadoras da tecnologia, tais como a perceção de capacidade ou auto-eficácia (Ajzen, 1991). Apesar da hipótese interactiva, esta tem recebido um apoio empírico limitado devido ao seu requisito condicional na previsão do comportamento. A teoria do comportamento planeado deixa de lado outras crenças, como a perceção de utilidade e a perceção de facilidade de utilização (Venkatesh et al., 2003), que também podem ter influência na intenção comportamental e no próprio comportamento. Por conseguinte, a teoria do comportamento planeado não é um modelo viável para o estudo.

O modelo de aceitação da tecnologia (TAM) (Davis, 1986) é útil para prever o comportamento humano. O TAM sugere a forma como os utilizadores aceitam e utilizam uma tecnologia e propõe que, quando uma pessoa adopta uma nova tecnologia, uma série de factores como a utilidade percebida, a facilidade de utilização percebida, a atitude em relação à utilização e a intenção comportamental podem influenciar a sua decisão sobre como e quando a utilizará. Também o quadro de Triandis, uma teoria da psicologia social, mostra explicitamente os factores sociais, culturais, individuais e organizacionais que influenciam o comportamento.

A estrutura TAM orientou separadamente vários investigadores (Davis 1993; Bergeron et al 1995) para explicar o comportamento humano relativamente à adoção e utilização de computadores. O estudo adopta a estrutura TAM e Triandis: s como base teórica. O estudo alarga o TAM com variáveis como um modelo de hábitos adequado para o estudo da adoção e utilização de AIS pelas organizações. Apresenta-se de seguida uma discussão sobre o modelo TAM e Triandis.

3.3 MODELO DE ACEITAÇÃO DA TECNOLOGIA

Um conjunto significativo de conhecimentos de investigação sobre os factores que afectam a aceitação de sistemas tem a sua base no TAM (por exemplo, ver Davis, 1989, Davis et al 1989). O TAM é um modelo originalmente concebido por Davis (1986). Davis desenvolveu o TAM quando estava sob contrato com a IBM Canada Limited para avaliar o potencial de mercado de uma variedade de aplicações baseadas em PC, então emergentes, na área da multimédia, do processamento de imagens e do computador com caneta, a fim de orientar o investimento num novo desenvolvimento (Venkatesh, 1996). Davis desenvolveu a TAM para explicar o efeito da perceção do utilizador das caraterísticas do sistema na aceitação dos computadores pelo utilizador (Davis, 1986). O TAM é uma adaptação da teoria da ação racional (TRA) da psicologia social (Fishbein, 1980). O objetivo da TAM é fornecer uma explicação dos factores determinantes da aceitação dos computadores que seja capaz de explicar o comportamento dos utilizadores numa vasta gama de computadores e populações de utilizadores finais, sendo simultaneamente parcimoniosa e teoricamente justificada (Davis et al., 1989). Dois construtos de crenças particulares, PU e PEOU, são de importância central no TAM para prever os comportamentos de aceitação dos utilizadores de informação.

3.3.1 Definição do constructo-chave do TAM

O instrumento TAM é composto pelos seguintes construtos-chave:

Utilidade percebida: Davis et al (1989) definem a utilidade percebida como a probabilidade de o utilizador considerar que a utilização de um sistema de aplicação específico aumentará o seu desempenho profissional num contexto organizacional.

Facilidade de utilização percebida: Davis define a PEOU como o grau em que um indivíduo acredita que a utilização de um determinado sistema seria isenta de esforço físico e mental (Davis 1993). Enquanto a PEOU está relacionada com a avaliação das caraterísticas intrínsecas das TI, como a facilidade de utilização, a facilidade de aprendizagem, a flexibilidade e a clareza da interface das TI, a PU, por outro lado, é uma resposta à avaliação que o utilizador faz das caraterísticas extrínsecas, ou seja, do resultado orientado para a tarefa: a forma como as TI ajudam o utilizador a atingir objectivos relacionados com a tarefa, como a eficiência e a eficácia da tarefa. Estas duas crenças podem criar uma disposição ou intenção favorável para a utilização do sistema SI (Davis 1989).

Intenção de comportamento: de acordo com a TRA, a intenção de comportamento individual (IB) é uma função de dois determinantes básicos: um é um fator de natureza pessoal e o outro reflecte as influências sociais. O primeiro refere-se à avaliação positiva ou negativa que um indivíduo faz do seu comportamento. Este fator é designado por atitude em relação ao comportamento. O segundo reflecte a perceção que um indivíduo tem da pressão social exercida sobre ele para realizar ou não realizar o comportamento em questão. Estas são designadas por normas subjectivas. Por outras palavras, a IC é determinada pela perceção individual de factores pessoais, como a atitude em relação ao comportamento e as normas subjectivas, que são a pressão social sobre o comportamento em questão (Azjen e Fishbein 1980).

Atitudes em relação à utilização: O TAM baseia-se no paradigma da atitude TRA, que especifica a forma como a componente comportamental das atitudes pode ser medida. Distingue entre crenças e atitudes e, especificamente, como os estímulos externos, tais como as caraterísticas objectivas das atitudes em relação ao objeto, estão casualmente ligados a crenças, atitudes e comportamentos (Davis 1989).

Fishbein e Ajzen (1975) fazem a distinção entre dois construtos de atitude, nomeadamente a atitude em relação ao objeto e a atitude em relação ao comportamento. A primeira refere-se a uma evolução individual efectiva de um comportamento específico que envolve o objeto. A atitude em relação ao objeto refere-se a um estímulo externo de uma atitude (Davis 1993). Com base em estudos anteriores (Davis 1993), as atitudes em relação ao comportamento estão mais fortemente relacionadas com um comportamento específico do que as atitudes em relação ao objeto (Davis 1993). No presente estudo, são utilizadas as atitudes em relação à utilização do AIS.

A Figura 3.1 representa uma visão do modelo TAM. (Davis 1989) sugere que tanto a PU como a PEOU influenciam as atitudes em relação à ATU. Além disso, enquanto a PEOU tem uma influência indireta na BI através da PU e da ATU, a ATU tem uma influência direta na BI e também influencia a utilização efectiva do sistema.

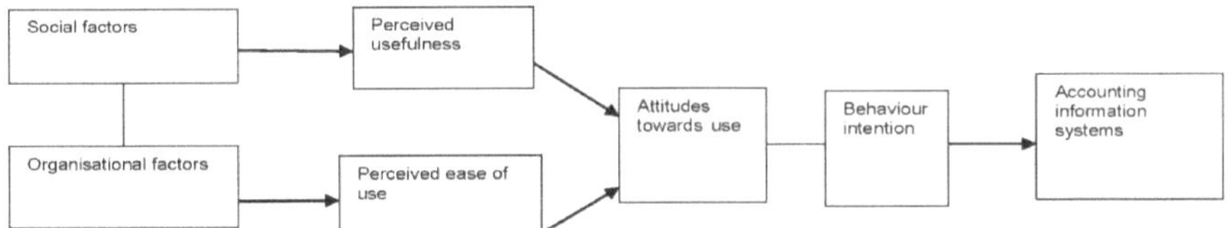

Modelo de investigação: grau de contabilização da influência social adaptado de (fonte: Fishbein, 1993)

Com base no quadro de Kelman, Davis *et al.* (1989) observaram que os factores sociais podem afetar a intenção comportamental e a atitude em relação à utilização. Por conseguinte, são os seguintes os quadros que informaram o estudo apresentado:

3.3.2 A importância do TAM no estudo de investigação

Desde o seu desenvolvimento original, o TAM tem sido objeto de uma atenção académica considerável (Venkatesh et al; Ditsa 2. O TAM foi recebido, adaptado e alargado por numerosos investigadores (Johnson et al 2003). Estas adaptações exploraram de forma variada os construtos e as variáveis do TAM (e.g. Davis, 1993); a questão da influência social (Galletta, 1999); a dimensão temporal do comportamento de adoção das TI (Johnson, 2003); o grau de atitudes voluntárias na adoção e utilização das TI (Davis, 1989); a tendência para a auto-medição da utilização e o caso do desenvolvimento de sistemas orientados para os objectos (Johnson 2003).

Além disso, a importância teórica do TAM como determinante do comportamento do utilizador é revelada por vários tipos de estudos de investigação, incluindo a adoção de inovações, o paradigma do custo-benefício, a teoria da expetativa e a teoria da auto-eficácia (Davis 1989). Uma panorâmica dos estudos académicos (Davis 1989; Johnson 2003) sobre a aceitação e a utilização dos SI sugere que o TAM surgiu como um dos modelos mais influentes nesta corrente de investigação, incluindo o comércio eletrónico e a adoção da tecnologia da Internet (Johnson, 2003). O TAM, com a sua ênfase original nas caraterísticas de conceção do sistema, representou uma contribuição teórica essencial para a compreensão do comportamento de utilização e aceitação dos SI. Por exemplo, Davis (1989) examinou originalmente um sistema de correio eletrónico e um editor de ficheiros utilizado na altura na IBM Canadá e verificou que a PEOU e a PU estavam significativamente correlacionadas com a utilização do sistema declarada pelo próprio.

Além disso, a evidência da crescente aceitação da TAM por parte da comunidade de investigação reflecte-se mais ou menos no facto de o índice de citações de ciências sociais do Institute for

Scientific Information, tal como referido em Money e Turner (2004), ter enumerado recentemente 335 citações de revistas desde 1999 do trabalho de investigação inicial publicado por Davis et al (1989). Mais de uma década após a sua publicação original, o TAM continua a desempenhar um papel significativo nos estudos de investigação em ciências sociais (Johnson 2003).

No entanto, o TAM foi replicado e testado extensivamente para fornecer provas empíricas sobre a relação existente entre PU e PEOU (Davis et al 1989). O resultado do estudo confirmou a validade e a fiabilidade do instrumento de Davis e apoia a sua utilização com diferentes populações de utilizadores e diferentes escolhas de software.

A TAM utiliza escalas de múltiplos itens para operacionalizar a ATU, PU e PEOU, a fim de medir estes construtos de forma mais fiável do que seria possível com uma escala de um único item (Davis 1989). Verificou-se que a fiabilidade do Alfa de Cronbach das escalas TAM excede 0,9 em vários domínios (Davis 1993). Além disso, as escalas de itens TAM apresentam um elevado grau de validade discriminante, convergente e nomológica (Venkatech 2003). A importância destas propriedades psicométricas e a elevada proporção de variância do TAM para o estudo da adoção de SI é demonstrada por (Davis 1993 e Venkatech 2003)

No entanto, existe um potencial preconceito no TAM. Um dos principais preconceitos é o facto de o TAM pressupor que, quando alguém forma uma intenção de agir, essa pessoa é livre de agir sem limitações (Bagozzi 1992). No entanto, no mundo real, haverá muitas restrições, como capacidade limitada, limite de tempo e liberdade individual para agir (Bagozzi, et al 1992). O TAM, com a sua ênfase original na caraterística de conceção do sistema, não tem em conta as normas sociais, os hábitos subconscientes e as condições facilitadoras do ambiente organizacional na adoção e utilização de novos SI, incluindo o AIS (Venkatesh, 2003).

Além disso, a maioria dos estudos existentes sobre a TAM foi efectuada em países da América do Norte (Davis et al 1989). Quando o TAM é testado noutros países, como a Suíça e o Japão, os resultados variam quanto ao poder preditivo do TAM, à cultura, às normas sociais, aos hábitos e à facilitação dos SI individuais, incluindo a adoção do AIS.

Davis et al (1989) observaram que a omissão de uma norma subjectiva no TAM representava uma área importante que necessitava de mais investigação. Tinham notado que a base teórica da TRA torna difícil distinguir se o comportamento de utilização é causado pela influência do referente na intenção do indivíduo ou pela sua própria atitude (Davis 1989). Por exemplo, Davis (1986) observou que o sujeito pode querer fazer o que o referente X pensa que deve fazer, não devido à influência de X, mas porque o ato é consistente com a sua própria [atitude]. Davis (1989) não só sublinha a importância das normas sociais que podem explicar o comportamento na adoção e utilização de SI na aplicação do TAM no mundo real, como afirma que não reconheceram a importância do hábito e de outras condições facilitadoras acima sugeridas como tendo uma influência importante no comportamento.

Davis (1993) incentiva a investigação futura a considerar o papel de [variáveis externas] adicionais no TAM. Por outras palavras, o seu estudo salientou a importância crescente do desenvolvimento de conhecimentos a partir da TAM. Este estudo utiliza o TAM e incorpora variáveis selecionadas, tais como factores sociais, hábitos e condições facilitadoras da estrutura de Triandis, como uma extensão da base teórica e do modelo de investigação que pode explicar o comportamento dos contabilistas relativamente à adoção e utilização do SIA. A subsecção seguinte apresenta uma visão geral da estrutura de Triandis (1979) e examina o conceito subjacente, bem como as variáveis relevantes para este estudo.

3.4   UMA VISÃO GERAL DO QUADRO TEÓRICO DE TRIANDIS

O quadro reúne a relação que envolve estes conceitos, de acordo com o quadro de Triandis, a pessoa interioriza a forma cultural de perceber o ambiente social, conhecida como a cultura subjectiva de um grupo (Triandis 1979). A cultura subjectiva do grupo de referência identifica os limites da sua interação. As variáveis da cultura subjectiva são constituídas por: normas, valores de papel e situação social. A variável da cultura subjectiva constitui o fator social (Triandis 1979). Triandis explica que a experiência anterior com um determinado comportamento resulta em efeitos em relação ao comportamento, o que, por sua vez, determina a intenção sobre o comportamento.

O efeito está relacionado com o sentimento individual de prazer, desprazer, alegria, deleite ou aversão em relação ao comportamento (Triandis, 1979). Um sentimento positivo aumentará a intenção de adotar um determinado comportamento, enquanto um sentimento negativo a diminuirá. O efeito é diretamente influenciado pelo hábito e pela perceção individual das variáveis subjectivas da cultura (Triandis, 1979).

De acordo com a estrutura de Triandis, o hábito e a excitação relevante (factores fisiológicos) estão entre os determinantes do comportamento. Ele afirma que a excitação fisiológica do organismo que é relevante para o ato facilita e aumenta a probabilidade do ato (Triandis 1979, p 205). Assim, os modelos sugerem que a excitação relevante influencia diretamente o comportamento e é influenciada por factores genéticos e biológicos, bem como pela situação social que constitui o contexto do comportamento. Triandis argumenta que, mesmo quando a intenção é elevada, os hábitos bem estabelecidos e a excitação óptima num indivíduo, pode não haver comportamento quando a geografia da situação (condição facilitadora) torna o comportamento impossível. Por outras palavras, o comportamento é também determinado pelas condições facilitadoras de um ambiente. A intenção é outra construção do modelo de Triandis. Como se pode ver na Figura 3.3, as intenções são diretamente influenciadas por factores sociais, efeitos e consequências do comportamento. De acordo com Triandis, o comportamento tem consequências objectivas (que ocorrem no mundo real) que são interpretadas (ocorrem dentro da pessoa) e, como resultado da interpretação, a pessoa sente-se reforçada (p 198). O reforço, diz Triandis, afecta a probabilidade percebida de o comportamento ter consequências específicas.

De acordo com este quadro, as probabilidades e os valores constituem, por sua vez, o fator determinante da intenção comportamental de se comportar. A interpretação da consequência objetiva, diz Triandis, difere devido a influências genéticas e biológicas ou devido a sequências anteriores de reforço da situação-comportamento com que uma pessoa se deparou na sua história.

Como mostra o modelo (Figura 3.1), embora o quadro Triandis seja bastante complexo, consiste numa rede de hipóteses inter-relacionadas, que são úteis para resumir o estado dos conhecimentos. Para efeitos do presente estudo, pareceu mais adequado centrar-se no modelo de subconjunto que inclui as variáveis mais úteis para explicar a adoção e utilização do SIA nas organizações. O modelo de subconjunto e as variáveis utilizadas do quadro de Triandis são o hábito, a condição facilitadora e os factores sociais. Estes são explicados da seguinte forma:

3.4.1   Definição dos principais constructos do quadro de Triandis (Fonte: Triandis)

Hábito: Triandis define hábito como sequências de situação-comportamento que são ou se tornaram automáticas, de tal forma que ocorrem sem auto-instrução (Triandis 1979, p 204). Triandis explica que os hábitos são aquilo que os indivíduos fazem normalmente e que não estão normalmente conscientes da sua sequência, por exemplo, bater num tambor. Triandis relaciona estreitamente o hábito com a experiência passada e a capacidade de um indivíduo para realizar um determinado ato. O modelo de Triandis sugere que a natureza habitual do comportamento (para além da intenção) terá uma influência significativa na resposta de um indivíduo a uma determinada situação. De acordo com Triandis, os hábitos são mais importantes do que a intenção nalguns comportamentos.

Condições facilitadoras: Triandis define condições facilitadoras como factores objectivos que não se encontram no ambiente geográfico, de tal forma que vários juízes ou observadores podem concordar em tornar um ato fácil de fazer (Triandis, 1979, p.205). Os actos, diz ele, são padrões socialmente definidos de movimentos musculares. De acordo com Triandis, em algumas circunstâncias, um indivíduo pode ter a intenção de realizar um determinado ato, mas é incapaz de o fazer porque o ambiente impede que o ato seja realizado. Por conseguinte, o nível do ambiente geográfico (condição facilitadora) é um fator importante para explicar o comportamento de um indivíduo e deve ser tido em conta. Por sua vez, as condições facilitadoras são influenciadas pela situação social.

Factores sociais: Triandis (1971) defendeu que o comportamento é influenciado por normas sociais, que dependem de mensagens recebidas de outros e reflectem o que os indivíduos pensam que devem fazer. No seu trabalho posterior, (Triandis 1979) expandiu este termo e chamou-lhe factores sociais; isto é, a interiorização individual da cultura subjectiva do grupo de referência e o acordo interpessoal específico que o indivíduo fez com outros em situações sociais específicas (Triandis, 1979). A cultura subjectiva é constituída pela norma (instrumento para fazer o que é considerado adequado pelos membros da cultura em determinadas situações); valor (a tendência para preferir um estado de coisas a outro); papel (comportamento adequado de uma pessoa que ocupa um cargo num grupo) e situações sociais (um cenário de comportamento em que está presente mais do que uma pessoa). Triandis afirma que a interiorização da cultura subjectiva do grupo de referência forma os factores sociais que influenciam a intenção de se comportar, o que determina o comportamento. Para além de influenciarem a intenção, os factores sociais dependem da situação social e da perceção que o indivíduo tem das variáveis da cultura subjectiva. Os factores sociais são semelhantes à norma social de Ajzen e Fishbein (Ajzen e Fishbein (1980). Embora Bergeron et al (1995), cujo modelo de investigação se baseou no quadro de Triandis, tenha ignorado a importância da cultura subjectiva-objetiva e das situações sociais, estes itens foram considerados importantes por Dista (2003) para a operacionalização da variável dos factores sociais.

3.5   A IMPORTÂNCIA DO QUADRO DE TRIANDIS

A estrutura de Triandis foi reconhecida na psicologia social como um modelo importante para o estudo do comportamento. Embora a estrutura de Triandis não seja muito utilizada no domínio da investigação sobre SI como modelo de comportamento, os resultados de estudos anteriores sobre SI (Thompson et al. 1999) baseados na estrutura de Triandis demonstraram a importância da variável da estrutura para compreender e explicar os factores que afectam as reacções individuais à aceitação do AIS. Thompson et al. (1991) utilizaram o quadro de Triandis como base teórica para compreender melhor os factores que influenciam a utilização de computadores pessoais nas organizações. Infelizmente, Thompson et al (1991) não consideraram o hábito como um construto no seu estudo, mas mais tarde admitiram que os hábitos são claramente determinantes do comportamento e devem ser reconhecidos na investigação sobre SI, devido à importância da experiência e da capacidade para um determinado ato que o hábito implica (Thompson et al.1991). Bergeron et al. (1995) utilizaram o quadro de Triandis como base teórica para compreender melhor os vários factores relacionados com a utilização do SIA ao nível da gestão estratégica. Anteriormente, Venkatesh (2000) utilizou o quadro de Triandis como base teórica para investigar os factores que explicam o comportamento dos utilizadores em relação à utilização do AIS. De facto, os resultados destes estudos confirmaram a validade, a fiabilidade e a adequação das variáveis do quadro de Triandis e apoiam a sua utilização para explicar o comportamento dos utilizadores em relação ao SIA.

No entanto, o quadro de Triandis é muito complexo. Este facto torna-o muito difícil de empregar na sua totalidade na investigação em SI (Thompson et al 1991). Além disso, alguns construtos do modelo de Triandis estão intimamente relacionados, pelo que pode ser difícil operacionalizá-los sem qualquer redundância na sua medição (Ditsa, 2003).

O presente estudo não utiliza todo o quadro de Triandis como base teórica, mas sim o TAM como base e incorpora um subconjunto do modelo de Triandis, centrando-se em variáveis como os factores culturais, sociais e individuais que podem explicar o comportamento dos contabilistas relativamente à adoção e utilização do SIA.

3.6. ADOPTAR O CONSTRUCTO DE TRIANDIS PARA DETERMINAR A ACEITAÇÃO E

UTILIZAÇÃO DO AIS

Apesar de Davis (1993) e Davis et al. (1999) salientarem a importância de desenvolver conhecimentos a partir do TAM, defendem a utilização da estrutura de Triandis como base teórica para compreender e explicar o comportamento dos utilizadores relativamente à adoção e utilização de SGA. De acordo com as sugestões anteriores, o presente estudo utiliza o TAM e incorpora variáveis como o hábito, os factores sociais e as condições facilitadoras da estrutura de Triandis como extensões para explicar o comportamento dos utilizadores na adoção e utilização do SIA.

Na Figura 3.1, o hábito é constituído por variáveis como a experiência em sistemas de informação baseados em computador (CBIS), os contabilistas e a sua capacidade de utilizar o AIS (Davis 1993). Os hábitos são operacionalizados, com base no número de anos de experiência do contabilista com CBIS e AIS e na sua capacidade de utilizar o AIS.

Nesta secção, a capacidade de um contabilista para utilizar computadores é medida através da avaliação da classe de utilizadores da contabilidade. A condição facilitadora segue novamente (Limayem et al, 2004) e consiste em variáveis como os processos de desenvolvimento do SIA, os processos de gestão do SIA e o ambiente organizacional (Triandis 2003). As condições facilitadoras são operacionais e baseiam-se no grau em que os processos de desenvolvimento do SIA, os processos de gestão do SIA e o ambiente organizacional facilitam a utilização do SIA (Triandis, 2003)

Os factores sociais consistem em variáveis como normas subjectivas, papéis, valores e situação social (Ditsa, 2003). Os factores sociais medem o grau em que as variáveis subjectivas, como as normas, os valores e a situação social, influenciam o comportamento do contabilista na sua utilização.

A utilidade percebida e a facilidade de utilização percebida (Davis 1993) são operacionalizadas através da obtenção de avaliações dos utilizadores da sua PU e PEOU do AIS com base no mérito, à semelhança dos itens desenvolvidos e aperfeiçoados por Davis (2001). A atitude em relação à utilização consiste em variáveis de atitude. A atitude em relação à utilização é operacionalizada, com base numa escala diferencial semântica de pontos padrão para atitudes operacionais em relação ao comportamento no SIA (Fishbein, 1980).

A utilização efectiva do sistema (comportamento) consiste no número de vezes que o sistema é utilizado. A utilização efectiva do sistema é operacionalizada em termos de frequência de utilização do AIS (Fishbein et al 1975; Mao 2002). Os pormenores da operacionalização são apresentados no capítulo anterior.

Tal como em Davis (1993), a intenção comportamental não é incluída como uma construção no modelo de investigação. Fishbein (1979) argumenta que, em muitas situações, a intenção pode não conduzir necessariamente ao comportamento. Por exemplo, a intenção de um indivíduo de perder peso, fazer dieta, fazer exercício, deixar de fumar ou deixar de beber são meras categorias comportamentais.

A hipótese é que a atitude geral de um potencial contabilista em relação ao AIS seja importante. Por sua vez, a utilização do SIA é influenciada por duas convicções: a perceção de utilidade (PU) e a perceção de facilidade de utilização (PEOU). Além disso, as condições facilitadoras também contribuíram para os processos de desenvolvimento do SIA, a gestão do SIA (processos e ambiente organizacional), o hábito (experiência do SIA e capacidade de utilizar o SIA) e os factores sociais (normas subjectivas, papéis, valores e situações) têm uma influência indireta no comportamento através da PU, da PEOU e da ATU. O objetivo deste estudo é investigar e examinar os factores críticos de sucesso sociais, individuais e organizacionais que podem explicar o comportamento dos contabilistas em relação à adoção e utilização do SIA, e apresentar um quadro de referência.

3.6.1 Classificação das variáveis de medição g

Esta variável na investigação foi classificada (ver Quadro 3.2) em factores sociais, individuais e organizacionais. A definição de AIS, o questionário do inquérito e o conceito da variável utilizada para este estudo foram considerados na classificação. Na classificação, algumas variáveis, por definição e conceito, sobrepõem-se a alguns dos factores - por exemplo, normas, papéis, valores e situações sociais dos factores sociais. Além disso, a experiência com o SIA, a capacidade de utilizar o SIA, a utilidade percebida, a facilidade de utilização percebida e a atitude em relação à utilização foram classificadas como factores organizacionais e factores individuais. Uma vez que as variáveis dos factores sociais, individuais e organizacionais se sobrepunham, os construtos do modelo de investigação foram utilizados na análise. Além disso, estes factores foram considerados na discussão das conclusões e dos resultados.

Tabela; Classificação das variáveis dos factores de investigação em factores sociais, individuais e organizacionais

Construct	Perceived usefulness	Perceived ease of use	Attitude to ease of use	Measurement variables
Social factors	Norms, roles and values	Norms, roles and values	Norms, roles and values	Conditions in social factors to ensure use of AIS
Organisational factors	Organisational characteristics and conditions adopted	Organisational characteristics and conditions adopted	Organisational characteristics and conditions adopted	Organisational characteristics and conditions to encourage use of AIS
Individual factors	Intention to use administrative work	Intention to use administrative work	Intention to use administrative work	Condition in individual factors to support use of AIS

Em suma, este capítulo discutiu o enquadramento teórico, o modelo TAM, as hipóteses e o constructo TAM, a importância do TAM na investigação do estudo e outros tipos de teorias em sistemas de informação que informaram o estudo. O estudo adoptou o TAM como estrutura, com uma visão geral da estrutura de Triandis. O próximo capítulo apresentará o desenho e a metodologia da investigação.

CAPÍTULO 4

CONCEPÇÃO E METODOLOGIA DA INVESTIGAÇÃO

4. 1 INTRODUÇÃO

Este capítulo aborda questões relacionadas com a conceção da investigação e a metodologia do estudo e defende a sua justificação. A investigação foi conceptualizada e definida de diferentes formas por diferentes investigadores. A investigação é vista como a resposta a questões de investigação de uma forma sistemática e organizada. Blaikie (2003) descreve a investigação como uma adesão formal e rígida a um sistema definido de inquérito para determinar novos factos ou coligir factos antigos num novo formato. Para o efeito, é necessária uma conceção de investigação adequada.

O objetivo deste estudo foi investigar a aceitação e a utilização de sistemas de informação contabilística. Neste capítulo, serão abordadas as seguintes secções: base e processo de amostragem, instrumento de medição, operacionalização das variáveis de investigação, análise de dados e formulação de hipóteses estatísticas.

4. 2 DEFINIÇÃO DE CONCEPÇÃO DA INVESTIGAÇÃO

A conceção da investigação é um plano de ação para ir daqui até lá (Blaikie, 2003). A conceção da investigação pode ser considerada como a estrutura da investigação e é o plano construído (Blaikie 2003). A conceção fornece a cola que mantém o projeto de investigação unido. É utilizada para estruturar a investigação e mostrar como todas as partes principais do projeto de investigação - a amostra ou os grupos, as medidas, os tratamentos ou os programas e os métodos de atribuição - funcionam em conjunto para responder às questões centrais da investigação. Embora as concepções de investigação sejam inventadas para permitir ao investigador responder às questões de investigação da forma mais válida, exacta e económica possível, os planos de investigação são concebidos e executados de forma deliberada e específica para produzir provas empíricas sobre um problema de investigação (Ikart, 2005). O presente estudo aborda a seguinte questão de investigação: quais são os factores que influenciam a utilização dos sistemas de informação nas empresas de contabilidade?

- Investigar os factores sociais que influenciam a utilização do AIS
- Investigar os factores organizacionais que influenciam a utilização do AIS
- Determinar em que medida o SIA está a ser utilizado pelas empresas de contabilidade para atingir os objectivos pretendidos

- Investigar a aceitabilidade, a adoção e a utilização do AIS

Os aspectos da conceção e metodologia da investigação para este estudo foram orientados pelo trabalho de Babbies (2004) e lkart (2005).

4.3   PARADIGMA DE INVESTIGAÇÃO

Ikart (2005) define um paradigma como um conjunto de valores e técnicas partilhados pelos membros de uma comunidade científica, que actua como um guia ou mapa, ditando os tipos de problemas que os cientistas devem abordar e os tipos de explicação que são aceitáveis para eles. Sarantakos (2002) define um paradigma como um conjunto de proposições que explicam a forma como o mundo é percepcionado, e contém uma visão do mundo, uma forma de decompor a complexidade do mundo real, dizendo aos investigadores e aos cientistas sociais em geral o que é importante, o que é legítimo e o que é razoável. Um paradigma permite que os investigadores identifiquem a relação entre as variáveis e especifiquem os métodos apropriados para efetuar uma determinada investigação (Ikart, 2005).

A investigação crítica em sistemas de informação preocupa-se em identificar as relações de poder, os conflitos e as contradições, e em capacitar as pessoas para os eliminarem como fontes de alienação e dominação (Mouton, 2001). O que caracteriza a compreensão interpretativa não é provar ou refutar uma hipótese, mas tentar identificar, explorar e explicar como todos os factores num determinado contexto social estão relacionados e são interdependentes.

O positivismo implica a exploração científica e a recolha e o julgamento objectivos dos factos, a fim de se chegar a uma verdade positiva (Mouton, 2001). Este paradigma constitui a base da ciência natural e influenciou os estudiosos da gestão como um sistema racional. O positivismo afirma que uma realidade é, em grande medida, guiada por leis e verdades universais. Os estudos positivistas procuram geralmente testar a teoria, numa tentativa de aumentar a compreensão preditiva dos fenómenos (lkart, 2005). O positivismo tem como objetivo encontrar as leis, padrões e regularidades universais (Mouton, 2001). Os investigadores que adoptam este paradigma afirmam ser objectivos e independentes. O processo de resolução de problemas no positivismo começa com a formulação de hipóteses que são sujeitas a testes empíricos através de métodos quantitativos. Os métodos quantitativos fornecem objectivos, interpretação livre de valores e inequívoca da prática e da cultura da experiência, controlo, observação objetiva, registo meticuloso, definição precisa do comportamento e análise estatística dos resultados. Os investigadores em SI classificaram a investigação em SI como positivista se houvesse provas de uma proposição formal, uma medida quantificável das variáveis, o teste de hipóteses e a elaboração de inferências sobre um fenómeno a partir de uma amostra da população (Ikart,2005). Nos sistemas de informação, onde as experiências não são frequentemente viáveis, muitos investigadores positivistas utilizam inquéritos (Mouton, 2001). luz da discussão acima, o presente estudo é melhor classificado num paradigma positivista.

4.4   ABORDAGEM DE INVESTIGAÇÃO

De um modo geral, são utilizadas duas abordagens de investigação nos estudos de investigação em ciências sociais, incluindo os SI. Trata-se de abordagens de investigação quantitativa e qualitativa. A investigação quantitativa envolve a representação numérica e a manipulação da observação com o objetivo de descrever e explicar os fenómenos que essas observações reflectem. A investigação qualitativa, por outro lado, envolve o exame não numérico e a interpretação das observações, com o objetivo de descobrir o significado subjacente e o padrão das relações. A investigação qualitativa coloca a tónica nos processos e significados que não são rigorosamente examinados ou medidos (se é que são medidos), em termos de qualidade, quantidade, intensidade ou frequência. Em contrapartida, os estudos quantitativos colocam a tónica na medição e análise das relações causais entre variáveis e não nos processos (Ikart, 2005).

Na investigação quantitativa, as variáveis e as relações são as ideias centrais (Neuman, 2003). Além disso, a investigação quantitativa é utilizada para fornecer um planeamento detalhado antes da recolha e análise de dados, porque fornece ferramentas para medir conceitos, planear fases de conceção e lidar com questões de população ou amostra. Além disso, a abordagem da investigação quantitativa utiliza um modo dedutivo para testar a relação entre variáveis e fornecer provas a favor ou contra hipóteses pré-específicas (Neuman, 2003). Para efeitos do presente estudo, foi utilizada uma abordagem quantitativa.

4.1 Natureza do estudo

As três formas comuns de investigação utilizadas na investigação em ciências sociais são os estudos exploratórios, explicativos e descritivos (Babbie, 2004).

A investigação exploratória é frequentemente utilizada para desenvolver uma compreensão preliminar de alguns fenómenos. A investigação explicativa é classificada como a descoberta e a comunicação de relações entre diferentes aspectos dos fenómenos. Um estudo explicativo é realizado para descrever a relação precisa entre as caraterísticas dos fenómenos em estudo.

Há alguns anos, os gabinetes de contabilidade utilizavam sistemas manuais para processar o seu trabalho, mas atualmente encontram-se numa fase avançada que oferece sistemas automatizados de contabilidade, a fim de melhorar a dinâmica do trabalho contabilístico. No entanto, a ausência de sistemas de informação contabilística tem provocado muitos erros e falhas nas empresas e organizações da África do Sul. Para investigar a aceitação e a utilização dos sistemas de informação contabilística e compreender os factores que influenciam esta relação, foram utilizadas abordagens exploratórias no presente estudo.

4.5   CONTEXTOS DE INVESTIGAÇÃO

De acordo com Ouates (2006), foram identificados quatro contextos de investigação para os estudos empíricos sobre SI. São elas: inquéritos, conceção e criação, experiências e estudos de caso. A ideia de um inquérito é obter o mesmo tipo de dados de um grande grupo de pessoas (ou eventos), de uma forma normalizada e sistemática. A investigação sobre conceção e criação centra-se no desenvolvimento de novos produtos informáticos, também designados por artefactos. Uma experiência é uma estratégia que investiga relações de causa e efeito, procurando provar ou refutar uma ligação causal entre factores e um resultado observado. Um estudo de caso centra-se em casos particulares do aspeto que se pretende investigar.

Ouates (2006) argumenta que os inquéritos são amplamente aceites e utilizados no domínio dos sistemas de informação. É muito provável que se encontre uma edição de uma revista sobre sistemas de informação em que todos os artigos que relatam investigação empírica utilizaram um inquérito. Os inquéritos podem ser definidos como técnicas de investigação para apuramento de factos, que lidam principalmente com a natureza e o problema das soluções para problemas académicos. Um inquérito questiona muitas pessoas sobre as suas crenças, opiniões, caraterísticas, comportamento passado ou presente, expectativas e conhecimentos (Neuman, 2003).

O objetivo do presente estudo é investigar a eficácia dos sistemas de informação contabilística nas empresas sul-africanas. Para tal, são necessários dados sobre a utilização dos SIA, tais como os empregados dos sistemas de informação contabilística, os peritos em software de contabilidade, os contabilistas, etc. A fim de obter eficazmente dados das empresas de contabilidade, foi utilizado o método de investigação por inquérito.

4.6   HIPÓTESES DE INVESTIGAÇÃO

Com base na literatura e nos quadros teóricos, foram definidas as seguintes hipóteses, a fim de alcançar o objetivo deste trabalho:

Hipótese:

H1: Existe uma relação positiva entre os factores sociais e os factores organizacionais na utilização do AIS

H0: Não existe uma relação positiva entre os factores sociais e os factores organizacionais

Hipótese 2:

H1: Existe uma influência positiva entre os factores sociais e a perceção da utilidade do AIS

H0: Não existe uma influência positiva entre os factores sociais e a utilidade percebida

Hipótese 3:

H1: Existe uma relação positiva entre os factores organizacionais e a perceção da facilidade de utilização do AIS.

H0: Não existe uma relação positiva entre o fator organizacional e a perceção da facilidade de utilização do AIS

4.7   UNIDADE DE ANÁLISE

De acordo com Babbie (2003), a unidade de análise consiste nas coisas que examinamos para criar descrições sumárias de todas essas unidades e explicar as diferenças entre elas. A unidade de análise deve ser descrita de forma adequada para a operacionalização concetual e metodológica da investigação. Uma unidade de análise inadequada pode levar o investigador a escolher ferramentas erradas, distorcendo o resultado e confundindo a conclusão do estudo.

Para efeitos do presente estudo, os informadores-chave visados nas empresas de contabilidade foram os contabilistas, o gestor de contas, o gestor de pessoal e os empregados que utilizam software de contabilidade, bem como o diretor executivo de cada empresa, uma vez que são normalmente os mais envolvidos na utilização e na concetualização dos sistemas de informação.

4.7.1. Tipos de investigação

Na investigação social, são utilizados dois tipos de investigação - nomeadamente, causal e correlacional - para dar resposta às questões de investigação (Ikart, 2005). Enquanto a investigação causal é utilizada para estabelecer definitivamente a relação de causa e efeito do problema de investigação, a investigação de correlação é utilizada para identificar variáveis importantes associadas ao problema. Nos estudos de correlação, tenta-se frequentemente estabelecer relações de causa e efeito através da aplicação de análises de regressão e da justificação dos resultados.

Com base na questão de investigação identificada anteriormente, o presente estudo procura utilizar investigações causais e de correlação.

4.7.2 Tipos de variáveis

Existem tipos de variáveis que podem ser identificadas quando se determina a relação entre variáveis - nomeadamente variáveis independentes, dependentes e moderadas. A variável independente é (1V), aquela cujos valores exercem e influenciam outra variável dependente. O valor das variáveis dependentes é, portanto, determinado pelas variáveis independentes (Duhan, 2007).

4.7.3 Horizonte de tempo

O tempo é um dos factores mais importantes na investigação em ciências sociais. Os investigadores podem escolher entre dois horizontes: estudos transversais ou longitudinais (Babbie, 2004). Num estudo transversal, a unidade de análise é observada num ponto no tempo. Por outras palavras, os dados para o estudo são recolhidos apenas uma vez, talvez durante um período de dias, semanas ou meses, para responder à questão de investigação (Khalil, 2005). Os estudos longitudinais, por outro lado, permitem que a unidade de análise seja investigada durante um longo período de tempo. Um pesado encargo em termos de tempo e dinheiro impede normalmente o investigador de efetuar estudos longitudinais, enquanto as mudanças imprevistas na unidade de análise e no ambiente de investigação influenciam a generalização da investigação (Babbie, 2004). A julgar pela discussão acima, uma abordagem de investigação transversal é a mais viável e apropriada para este estudo.

4.8 BASE DE AMOSTRAGEM E PROCESSO DE AMOSTRAGEM

De acordo com Blaikie (2003), a amostragem é um processo de seleção de elementos de uma população, de modo a que os elementos selecionados representem as propriedades gerais da população. A literatura sobre os factores que influenciam a informação contabilística mostra que a maioria das empresas não tem factores que influenciam os sistemas de informação contabilística por razões como as seguintes: (i) nem todas as empresas participam em sistemas de informação contabilística, (ii) para algumas organizações a tecnologia da informação não é considerada um ativo estratégico, (iii) outras podem simplesmente acreditar que os factores que influenciam os sistemas de informação contabilística não produzem qualquer benefício organizacional. Neuman (2003) afirma que, em circunstâncias de maior diversidade e, por conseguinte, de menor homogeneidade, o erro de amostragem é maior e a amostragem aleatória pode não representar a população que é de real interesse para a investigação. Lederer, (1996) defende que as técnicas de amostragem científica exacta, no caso dos factores que influenciam os sistemas de informação contabilística, podem não ser benéficas para atingir o objetivo da investigação.

Para o presente estudo, é utilizado um método de amostragem não científico (Lederer, 1996). A base de amostragem adoptada é a edição de 2009 de "Who Owns Whom in South Africa", publicada pela McGregor. Trata-se de uma publicação abrangente de empresas cotadas e não cotadas na África do Sul em todos os sectores das empresas de contabilidade. Esta lista foi escolhida porque as organizações são grandes empresas e espera-se que se preocupem com questões de gestão de TI e, provavelmente, utilizem as TI para fins estratégicos. Este diretório contém os nomes, os títulos e os endereços dos principais responsáveis informáticos da África do Sul. Em seguida, foram examinados os cargos dos informadores-chave que permaneciam no quadro como forma de determinar o nível de atividade de planeamento (Segar e Grover, 1999). Foram selecionados os revisores oficiais de contas que tinham o título de chefe de informação, diretor-geral de MIS ou chefe de SI/TI. Este subquadro resultante continha 405 sistemas de informação contabilística; deste quadro foram escolhidos aleatoriamente 180 sistemas de informação contabilística.

4.8.1 Procedimento do instrumento de medição

As caraterísticas demográficas serão medidas através de informações demográficas (ID), que incluirão factores individuais como o sexo, a idade, o nível de escolaridade, a experiência de AIS e a duração do emprego.

Neste estudo, o investigador utilizou um questionário, que consiste em alguns factores, a fim de operacionalizar o seguinte constructo:

- O constructo dos factores que influenciam o processo dos sistemas de informação contabilística medirá o grau em que as organizações cumprem as suas tarefas. Os itens são derivados de (Mentzas, 1997).
- Os factores que influenciam os sistemas de informação contabilística medem a medida em que as organizações aceitam a sua utilização

4.8.2 Operacionalização das variáveis de investigação

O presente estudo contém algumas variáveis, que são: (i) utilidade percebida (PU), (ii) facilidade de utilização percebida (PEOU) e (iii) condição facilitadora (FC). O nome de cada variável foi propositadamente utilizado no estudo anterior, mas foram-lhe atribuídas abreviaturas com significado e os nomes das variáveis estão sequenciados numericamente pela ordem em que as perguntas aparecem no inquérito.

As medidas para cada dimensão são operacionalizadas com base em investigações anteriores. Tal como referido anteriormente, estas medidas foram utilizadas como perguntas do inquérito e tornaram-se as variáveis indicadoras para a análise subsequente.

4.9   RECOLHA DE DADOS

Os questionários de inquérito podem ser administrados através de questionários presenciais, auto-administrados, métodos de inquérito por telefone, grupos de discussão ou inquéritos entregues ao domicílio (Babbie, 2004). Estes métodos são explicados a seguir:

- O método presencial é o processo utilizado para administrar os questionários do inquérito através de uma entrevista com o inquirido num encontro presencial.

- Um questionário auto-administrado é o processo através do qual se solicita aos inquiridos que preencham eles próprios o questionário. Um inquérito por correio foi administrado através do envio do questionário pelo correio ou por entrega pessoal aos inquiridos. De acordo com (Dillman, 2000), os inquéritos por correio incluem também o correio eletrónico, a Web e a resposta interactiva por voz.

- Inquérito por telefone - neste método, o investigador lê o questionário do inquérito por telefone ao inquirido para obter as suas respostas verbais ao questionário.

- Inquérito a grupos de reflexão - este método permite ao investigador administrar um questionário a um grupo de 2 a 3 inquiridos reunidos no mesmo local e ao mesmo tempo.

- Questionário entregue em casa - neste método, um investigador entrega o questionário em casa dos inquiridos da amostra e explica o estudo. Embora a seleção de um método específico dependa dos objectivos da investigação, do tempo e dos recursos financeiros do estudo, um inquérito por correio é provavelmente o método mais adequado para recolher dados originais de uma amostra demasiado grande para ser observada diretamente (Babbie, 2004). Este estudo baseou-se em dados recolhidos através de um inquérito por questionário. A revisão da literatura sobre os factores que influenciam os sistemas contabilísticos confirma que o método mais popular é o questionário apenas nos estudos de caso. Neste estudo, o método viável é um inquérito por questionário enviado por correio, uma vez que é capaz de atingir uma grande amostra e mostra-se adequado em termos das restrições de recursos envolvidas no estudo (Sekeran, 2003).

4.10   CONCEPÇÃO DO QUESTIONÁRIO

De acordo com Quates (2006), um questionário é um conjunto pré-definido de perguntas, reunidas numa ordem pré-determinada. Sekeran (1992) define um questionário como um método eficiente de recolha de dados para além da visão física de um observador, através do qual os inquiridos registam as suas respostas a um conjunto de perguntas pré-formuladas e escritas. A eficácia do método exprime-se pelo facto de necessitar de recursos mínimos e de ter normalmente custos mais baixos do que outros métodos. (Quates, 2006)

Duas formas de perguntas frequentemente utilizadas pelos investigadores para colocar questões em questionários de inquérito são as perguntas abertas e as perguntas fechadas (Babbie, 2004).

As perguntas abertas permitem que os inquiridos respondam às perguntas da forma que entenderem. Por exemplo, numa pergunta aberta, pode ser pedido ao inquirido que indique cinco coisas que são interessantes e desafiantes no seu trabalho (Sarantakos, 2002), ou pode ser perguntado ao inquirido: "Na sua opinião, qual é a questão mais importante que os Estados Unidos enfrentam atualmente?" (Babbie, 2004).

No caso das perguntas fechadas, é pedido ao inquirido que faça uma escolha de entre um conjunto de alternativas ou uma lista fornecida pelo investigador. Por exemplo, em vez de o investigador pedir ao inquirido que indique cinco coisas que são interessantes e desafiantes no seu trabalho, pode enumerar dez a quinze caraterísticas que podem parecer interessantes ou desafiantes no trabalho e pedir ao inquirido que assinale as primeiras cinco de entre elas (Sekeran, 1992).

De um modo geral, as perguntas fechadas ajudam o inquirido a tomar uma decisão, fazendo uma escolha entre várias alternativas que lhe são fornecidas. Além disso, ajudam o investigador a codificar mais facilmente a informação para análise posterior (Sekeran, 1992). Além disso, as perguntas fechadas são muito populares na investigação por inquérito, uma vez que proporcionam uma grande uniformidade de respostas que são mais facilmente processadas do que as perguntas abertas. Além disso, as respostas às perguntas fechadas podem ser transferidas diretamente para o formato informático (Babbie, 2004).

As respostas às perguntas abertas têm de ser editadas e as categorias estabelecidas para a análise subsequente dos dados. Além disso, as perguntas abertas têm de ser codificadas e processadas antes de se poder efetuar uma análise informática. O processo de codificação exige que o investigador interprete o significado das respostas, abrindo a possibilidade de mal-entendidos e de enviesamento do investigador. Além disso, existe o perigo de algumas respostas dos inquiridos poderem ser irrelevantes para a intenção do investigador (Babbie, 2004).

A principal deficiência das perguntas fechadas reside na estrutura das respostas do investigador.

Quando as respostas pertinentes a uma determinada pergunta são relativamente claras, não deve haver qualquer problema. Noutros casos, porém, a estruturação das respostas pelo investigador pode ignorar algumas respostas importantes (Babbie, 2004).

Assim, Babbie (2004) explica que a construção de perguntas fechadas deve ser orientada por dois requisitos estruturais. Em primeiro lugar, as categorias de resposta fornecidas devem ser exaustivas. Ou seja, devem incluir todas as respostas possíveis que se podem esperar. Muitas vezes, os investigadores asseguram este facto acrescentando categorias como "Outra (especifique)".

Em segundo lugar, as categorias de resposta devem ser mutuamente exaustivas; assim, o inquirido não deve sentir-se obrigado a selecionar mais do que uma. Para garantir que as categorias são mutuamente exclusivas, os investigadores devem considerar cuidadosamente cada combinação de categorias, perguntando-se se uma pessoa poderia razoavelmente escolher mais do que uma resposta. Para o efeito, Babbie (2004) defende que pode ser útil acrescentar uma instrução à pergunta, que pede ao inquirido para escolher a melhor resposta.

4.10.1 Apresentação do questionário

O questionário era composto por quatro partes, como se segue:

- A primeira secção mede as operações da organização e as caraterísticas da experiência com o AIS informático através de 8 itens.
- A segunda secção mede o construto TAM através da utilidade e da perceção da facilidade de utilização do AIS, bem como da condição facilitadora.
- A terceira secção investigou os factores organizacionais e os factores sociais.
- A quarta secção avaliou o objetivo do AIS e a intenção de o utilizar.

Com exceção das informações pessoais na última página, o questionário era composto por 5 escalas. Estes testes não deram origem a qualquer alteração.

4.10.2 Inquérito piloto

Nos estudos realizados por Lederer (2007), foi efectuado um teste-piloto com dois contabilistas. A sua experiência variava entre 5 e 6 anos e trabalhavam numa variedade de organizações. Para este estudo, o teste-piloto foi efectuado de duas formas. Em primeiro lugar, o conteúdo do questionário foi discutido e aperfeiçoado através de debates com o supervisor do investigador, bem como com um estatístico do TUT. Em segundo lugar, o inquérito foi enviado a dois estudantes de doutoramento da Universidade de Tecnologia de Tshwane no departamento de sistemas de informação empresarial para avaliação e aconselhamento antes do início do inquérito principal. Estes testes não resultaram numa alteração da minha parte.

4.10.3   O inquérito principal

Nesta secção, foi apresentado o processo de administração utilizado para o questionário do inquérito.

Administração do questionário do inquérito principal

Os processos básicos utilizados na administração do questionário do inquérito incluíram a distribuição do questionário aos inquiridos da amostra, o controlo do questionário devolvido e o acompanhamento.

Tal como explicado por Babbie (2004), o método básico de recolha de dados por correio consiste em enviar um questionário acompanhado de uma carta explicativa e de um envelope auto-endereçado pré-pago para devolução do questionário. Espera-se que o inquirido preencha o questionário, o coloque num envelope e o devolva. O autor alerta para o facto de uma razão comum para a não devolução dos questionários ser o facto de darem muito trabalho. Para ultrapassar este problema, este estudo proporcionou uma forma fácil de os inquiridos preencherem o questionário e o devolverem no envelope pré-pago auto-endereçado fornecido, sem qualquer esforço para dobrar o questionário. O pacote incluía uma carta de apresentação que explicava o preenchimento do questionário e o procedimento de devolução.

Distribuição e devolução do inquérito por correio

O diretório fornecido por McGregor foi utilizado porque é a lista mais completa disponível entre as empresas cotadas e não cotadas que inclui o nome do chefe de recursos e do responsável pelos sistemas de informação contabilística. Cada informador-chave preenche um inquérito sobre os factores que influenciam os sistemas de informação contabilística.

O pacote que continha o questionário, a carta de apresentação e um envelope de devolução com portes pré-pagos foi enviado pessoalmente, sempre que possível, ao inquirido-alvo. Depois de preencher o inquérito, o inquirido colocava o folheto no envelope de devolução com portes pré-pagos fornecido e enviava-o por correio para o endereço do investigador do estudo.

Cento e cinquenta pacotes de questionários do inquérito foram enviados em dois lotes por correio rápido para os inquiridos. A Tabela 4.1 indica a data e o tamanho do lote do envio por correio. As principais razões para utilizar o método de envio por correio em lotes foram a minimização da carga de trabalho do investigador e a melhoria da administração do inquérito.

Distribuição de lotes de questionários de inquérito

Batches	Dates	Number
First Batch	15 May, 2012	75
Second Batch	17 May, 2012	75
Total		150

Para ajudar a registar as devoluções e facilitar o envio de respostas de acompanhamento aos não respondentes, todos os questionários enviados por correio foram acompanhados de cartas. Além disso, a carta de acompanhamento explicava o objetivo do estudo, a forma como o nome do inquirido foi obtido para o estudo e o que o inquirido tinha de fazer, uma garantia da confidencialidade do inquirido e uma estimativa do tempo necessário para o inquirido preencher o questionário. A carta de apresentação agradecia aos inquiridos o seu tempo e esforço na participação no estudo. A carta de acompanhamento foi impressa e assinada pelo orientador deste projeto de dissertação.

4.11   CONTROLO DOS RENDIMENTOS

No seu trabalho recente, Babbie (2004) afirma que um investigador não deve ficar de braços cruzados enquanto os questionários são devolvidos; em vez disso, deve proceder a um registo cuidadoso da taxa variável de retorno entre os envios por correio, tabulando-os com colunas para o título do inquirido, nome, cargo, endereço da empresa, identidade pré-numerada do questionário enviado ao inquirido, data de envio, data de receção, seguimento e para qualquer comentário, quando aplicável. Além disso, foi elaborado um quadro para registar a soma total do número de questionários preenchidos e válidos para análise, o número de questionários completos e incompletos que não foram úteis para a análise, bem como o número de questionários assinalados como "devolvidos ao remetente".

A fim de facilitar o processo de acompanhamento, à medida que cada questionário era devolvido, a data de receção era assinalada na coluna "Recebido" em relação ao inquirido da amostra, utilizando o aspeto do pré-número identificado no questionário.

4.11.1   Desvantagens nos retornos

Houve alguns inconvenientes na devolução do inquérito por correio - por exemplo, alguns pacotes de inquérito foram devolvidos ao endereço do investigador com a indicação "Devolvido ao remetente".

Além disso, houve casos em que os inquiridos telefonaram diretamente, informando o investigador da sua política de não participar em tais inquéritos e, com base nessa resposta, os seus nomes foram excluídos do envio posterior por correio. Houve também casos em que os questionários devolvidos estavam incompletamente preenchidos e, consequentemente, foram excluídos da análise. No entanto, um número significativo de inquiridos apresentou comentários valiosos sobre o estudo e manifestou o seu interesse nos resultados da investigação.

Correio de acompanhamento

Os envios posteriores foram efectuados após três semanas para as pessoas que não responderam em cada lote do questionário do inquérito inicialmente distribuído. A semana adicional destinava-se a permitir que o pacote do inquérito chegasse ao não respondente no envio inicial do questionário do inquérito. O processo de acompanhamento foi efectuado para garantir o tempo adequado do processo (Likart, 2005; Babbie, 2004).

Cada inquérito por questionário no seguimento era exatamente o mesmo que o questionário inicialmente distribuído, acrescido de uma carta de recordação enviada aos não respondentes. A carta de recordação foi redigida em estilo comercial e enfatizava a importância de completar o inquérito. O objetivo era incentivar as pessoas que não responderam a responder ao questionário, preenchendo-o e devolvendo-o. O objetivo essencial do envio da carta de acompanhamento era aumentar a taxa de retorno do inquérito por correio (Babbie, 2004).

4.11.2   Análise de dados

A análise dos dados será efectuada sobre os dados demográficos, a fiabilidade e a validade dos três instrumentos, a correlação entre os construtos e a regressão ordinal.

Todas as análises estatísticas do estudo serão efectuadas por computador, utilizando o pacote estatístico para as ciências sociais (SPSS).

Dados demográficos

Serão calculadas estatísticas explicativas para as variáveis demográficas - nomeadamente, experiência em sistemas de informação contabilística, horizonte de planeamento, cargo, sexo e idade. Estes dados demográficos foram apresentados sob a forma de tabelas com frequências, média, desvio-padrão, etc., no capítulo seguinte.

Realidade do instrumento de medição

De acordo com Babbie (2004), a fiabilidade é definida como a consistência ou a estabilidade, em que a medição pode ser repetida e confirmada por outras medições competentes. A fiabilidade da consistência interna é o grau de relação entre os itens individuais de um fator ou escala.

A validade é o grau em que um instrumento mede os atributos ou constructos que pretende medir. Mouton (2001) afirma que a validade pode ser considerada como um sinónimo de "melhor aproximação à verdade". A razão de ser de uma conceção de investigação é planear e estruturar um projeto de investigação de modo a maximizar a eventual validade dos resultados da investigação, ou mesmo a eliminar potenciais erros.

Foram utilizados testes de fiabilidade e validade para cada um dos seguintes instrumentos:

- A experiência do computador e do AIS.

- O construto estratégico TAM, a utilidade percebida, a facilidade de utilização percebida e a condição facilitadora
- Os factores organizacionais, os factores sociais e a finalidade do AIS.

Além de avaliar a fiabilidade global de cada instrumento, foi efectuada uma análise dos itens para cada instrumento. Uma análise de itens contém a contribuição de cada item dessa escala para a fiabilidade global do instrumento.

4.12.1 ANÁLISE DE CORRELAÇÃO DO MOMENTO DO PRODUTO DE PEARSON

A correlação é utilizada para descrever o grau de relação entre duas variáveis. Indica uma relação linear entre as variáveis. O sinal do coeficiente de correlação (+,-) define a direção da relação. Um coeficiente de correlação positivo significa que, à medida que o valor de uma variável aumenta, o valor da outra variável aumenta; à medida que uma diminui, o valor da outra diminui. Um coeficiente de correlação negativo indica que, à medida que uma variável aumenta, a outra diminui, e vice-versa (Field, 2005).

Foi calculada uma estatística descritiva para os três instrumentos (média das frequências, desvio-padrão, mínimo, máximo, etc.), seguida do coeficiente de correlação produto-momento de Pearson, que foi utilizado para os três constructos, computador e experiência de AIS. O construto estratégico TAM utilidade percebida, facilidade de utilização percebida e condição facilitadora, factores organizacionais, factores sociais e objetivo do AIS.

4.12.2 Análise de regressão

De acordo com Cohen e Holiday (1996), a análise de regressão permite ao investigador prever o valor específico da variável quando conhecemos ou assumimos o valor da outra variável. É uma forma de modelar a relação entre variáveis. Nas regressões múltiplas, o modelo inclui duas ou mais variáveis explicativas (as variáveis independentes) e uma variável explicada (a variável dependente).

Neste estudo, as regressões múltiplas foram conduzidas para examinar as relações entre o construto variável TAM e os factores que influenciam a informação contabilística. Foi testada uma regressão múltipla.

A obtenção do sucesso dos sistemas de informação contabilística é fundamental para um planeador. A análise pode aceitar o facto de produzir um maior conhecimento sobre os concorrentes, os recursos, os clientes e as entidades reguladoras. Isto tornaria possível compreender e prever a mudança e, assim, desenvolver planos que são menos vulneráveis às consequências dessa mudança. Isto resultaria numa maior confiança e empenhamento por parte da gestão de topo, resultando num melhor plano com maior probabilidade de implementação (Newkirk, 2006).

A recolha de informações, a avaliação de potenciais cursos de ação, a limitação da tomada de decisões por tentativa e erro, o adiamento até que todas as alternativas tenham sido avaliadas e a determinação de um bom curso de ação podem produzir um resultado de planeamento bem sucedido (Newkirk e Lederer, 2006). No planeamento de uma organização contabilística, pode esperar-se que este seja mais eficaz e eficiente.

4.13 RESUMO

Este capítulo apresentou a conceção e a metodologia da investigação, a base de amostragem e o processo de amostragem, os instrumentos de medição, a operacionalização das variáveis da investigação, a recolha de dados, o inquérito principal, a análise dos dados e a formulação de hipóteses estatísticas. A fundamentação da conceção e da metodologia da investigação está resumida no Quadro 4.5 abaixo

Quadro figura 1 Aspectos gerais da conceção e da metodologia da investigação

Section	Research Design	Methodology
4.1.2	Research Paradigm	Positivism
4.1.3	Research Approach	Quantitative
4.1.4	Nature of the study	Descriptive and exploratory
4.1.5	Research Setting	Survey
4.1.6	Unity of Analysis	User of Accounting Software, Accountant, Accounts Managers,
4.1.7	Types of Investigation	Correlations
4.1.8	Types of Variables	Independent and dependent
4.1.9	Time of Horizons	Cross- Sectional

A partir de estudos anteriores, foram determinados o quadro e o processo de amostragem e a dimensão da amostra para o estudo foi comparada com a dimensão da amostra de estudos anteriores. Tal como referido anteriormente, foram adoptados três instrumentos de medição de estudos anteriores. Para o estudo, foi efectuada a operacionalização das variáveis. A recolha de dados incluiu as seguintes subsecções: apresentação do questionário e teste-piloto.

A secção principal do inquérito apresentou o processo de administração utilizado para o questionário do inquérito, com as seguintes subsecções: administração do questionário principal do inquérito, distribuição e devolução do inquérito por correio, monitorização das devoluções, envio de acompanhamento e taxa de resposta e resultados. A análise dos dados foi utilizada nas seguintes subsecções: dados demográficos, fiabilidade e validade dos instrumentos de medição, análise de correlação de Pearson e análise de regressão. Por último, foi formulada uma hipótese estatística para efeitos do presente estudo.

O próximo capítulo apresentará as conclusões e os resultados das hipóteses apresentadas na secção anterior.

CAPÍTULO 5

APRESENTAÇÃO DOS RESULTADOS

5.1   INTRODUÇÃO

T objetivo deste capítulo é relatar e interpretar os resultados do inquérito, os dados demográficos dos inquiridos, os factores que influenciam os Sistemas de Informação Contabilística e os instrumentos de medição que serão descritos estatisticamente na primeira secção, seguidos da fiabilidade e validade dos instrumentos de medição. Posteriormente, será descrita a análise de correlação entre as variáveis do estudo. De seguida, será focada a análise de regressão e o teste de hipóteses. O capítulo termina com um resumo.

5.1.1 Análise de correlação

Do ponto de vista estatístico, a dependência designa qualquer relação estatística existente entre duas variáveis aleatórias ou dois conjuntos de dados, consoante o caso. A correlação, no entanto, refere-se a qualquer classe alargada de relações estatísticas que envolvam dependência. É um termo que mostra a força de uma relação entre duas variáveis. Uma correlação forte, ou elevada, significa que duas ou mais variáveis têm uma forte relação entre si, enquanto uma correlação fraca, ou baixa, significa que as variáveis estão pouco relacionadas. Os coeficientes de correlação podem variar de -1,00 a +1,00. O valor de -1,00 representa uma correlação negativa perfeita, enquanto um valor de+1,00 representa uma correlação positiva perfeita. Um valor de 0,00 significa que não existe uma relação entre as variáveis que estão a ser testadas.

5.2   RESULTADOS DA ANÁLISE

5.2.1. Correlação entre factores organizacionais, factores sociais e intenção de utilizar o AIS

O Statistical Package for the Social Sciences (SPSS) foi utilizado para efetuar a correlação não paramétrica dos resultados do questionário. Tal como referido anteriormente, foram administrados 150 questionários, mas apenas 104 foram devolvidos e codificados estatisticamente utilizando o pacote Microsoft Excel. As análises de correlação foram concebidas para atingir os objectivos estabelecidos, tal como indicado no Capítulo 2. Assim, como se pode ver no Quadro 3.2, o resultado da correlação entre os factores organizacionais, os factores sociais e a intenção de utilizar o SIA, o coeficiente de correlação indica uma tendência positiva de 0,589 (F1-F8) e 0,464 (F13-F16), que é significativa ao nível de 0,01 com duas caudas. Existe também uma relação positiva entre os factores organizacionais e a intenção de utilizar o SIA, com um coeficiente de correlação de 0,291, significativo a um nível de 0,03 com duas caudas. Além disso, existem coeficientes de correlação de 0,382, que indicam uma relação positiva, entre os factores sociais (F1-F8) e a intenção de utilizar o SIA, significativa ao nível de 0,01 do teste bicaudal. Isto implica, portanto, que existe uma forte relação entre os factores sociais e os factores organizacionais que conduzem à intenção de utilizar o SIA.

Tabela 5.3 Análise de correlação entre os factores organizacionais, **os factores sociais e a intenção de utilizar o AIS**

Correlações não paramétricas

			E1 to E5	F1 to F8	F13 to F16	H1 to H3
Spearman's rho	E1 to E5	Correlation Coefficient	1.000	.589[**]	.464[**]	.291[**]
		Sig. (2-tailed)	.	.000	.000	.003
		N	104	104	104	104
	F1 to F8	Correlation Coefficient	.589[**]	1.000	.381[**]	.382[**]
		Sig. (2-tailed)	.000	.	.000	.000
		N	104	104	104	104
	F13 to F16	Correlation Coefficient	.464[**]	.381[**]	1.000	.113
		Sig. (2-tailed)	.000	.000	.	.255
		N	104	104	104	104
	H1 to H3	Correlation Coefficient	.291[**]	.382[**]	.113	1.000
		Sig. (2-tailed)	.003	.000	.255	.
		N	104	104	104	104

[**]. A correlação é significativa ao nível de 0,01 (bicaudal).

Correlação entre factores sociais e factores organizacionais

Como mostra a Tabela 5.3, o resultado da análise da correlação de Spearman indica que existe uma relação positiva entre os factores organizacionais (E1-E5) e os factores sociais (F1 a F8) com um coeficiente de correlação de 0,589 e um coeficiente de correlação de 0,464, indicando uma relação positiva entre os factores organizacionais e a consideração geral da utilização do SIA na organização (F13-F16). Esta relação é significativa ao nível de 0,01 da análise bicaudal.

Quadro 5.4 Análise de correlação dos factores organizacionais e dos factores sociais
Correlações

			E1 to E5	F1 to F8	F13 to F16
Spearman's rho	E1 to E5	Correlation Coefficient	1.000	.589**	.464**
		Sig. (2-tailed)	.	.000	.000
		N	104	104	104
	F1 to F8	Correlation Coefficient	.589**	1.000	.381**
		Sig. (2-tailed)	.000	.	.000
		N	104	104	104
	F13 to F16	Correlation Coefficient	.464**	.381**	1.000
		Sig. (2-tailed)	.000	.000	.
		N	104	104	104

**. A correlação é significativa ao nível de 0,01 (bicaudal).

Como se pode ver na tabela 5.4, existe uma relação de co-ordenação entre os factores organizacionais e os factores sociais que permitem à organização aceitar a utilização do SIA.

Correlação entre os factores sociais e a intenção de utilizar o AIS

Tabela 5.5 Correlação entre os factores sociais e a intenção de utilizar o AIS
Correlações

			F1 to F8	F13 to F16	H1 to H3
Spearman's rho	F1 to F8	Correlation Coefficient	1.000	.381**	.382**
		Sig. (2-tailed)	.	.000	.000
		N	104	104	104
	F13 to F16	Correlation Coefficient	.381**	1.000	.113
		Sig. (2-tailed)	.000	.	.255
		N	104	104	104
	H1 to H3	Correlation Coefficient	.382**	.113	1.000
		Sig. (2-tailed)	.000	.255	.
		N	104	104	104

**. A correlação é significativa ao nível de 0,01 (bicaudal).

Em resumo, os inquiridos eram maioritariamente do sexo masculino, com idades compreendidas entre os 18 e os 25 anos, o seu nível de escolaridade mais elevado era um diploma e a sua posição atual na organização onde trabalham é a de gestor de conta. A análise quantitativa efectuada revelou que a maioria dos inquiridos teve o privilégio de utilizar pessoalmente o computador durante cerca de 1 a 4 anos, período durante o qual a sua utilização do AIS foi considerada equivalente à sua utilização de computadores e que, desde então, têm conhecimento do AIS. Utilizam o AIS mais de quatro vezes por mês, em média. Os inquiridos utilizaram dois tipos diferentes de pacotes/software AIS.

De acordo com a perceção da utilidade do AIS, a maioria dos inquiridos concordou fortemente que a sua utilização do AIS melhoraria a forma como os seus dados são guardados, facilitaria o crescimento da sua organização, permitir-lhes-ia processar rapidamente o trabalho contabilístico, melhoraria o processo de publicação do trabalho e que, em geral, o AIS era muito útil. Os inquiridos também concordaram fortemente que o AIS era fácil de utilizar, uma vez que era fácil aprender a operar o sistema. Era igualmente fácil utilizar o AIS no âmbito do horário de trabalho, facilitava o trabalho e era também capaz de facilitar a publicação do trabalho contabilístico. A conjugação dos diferentes aspectos do AIS foi igualmente considerada fácil e, por último, a sua interação com o AIS foi clara e compreensível.

Tendo em conta as condições facilitadoras dos inquiridos, todo o grupo de inquiridos foi submetido a uma secção de formação sobre a utilização do AIS. Receberam formação no prazo de cinco ou mais dias e a maioria concordou que a formação AIS que receberam foi satisfatória em termos de qualidade. Uma maior percentagem de inquiridos concordou que estava satisfeita com a duração da sua formação sobre o AIS. A maioria dos inquiridos concordou também que estava satisfeita com o ritmo da formação e com a competência dos formadores. Um pouco acima da média dos inquiridos pode operar o AIS com confiança.

De acordo com a maioria dos inquiridos, pode concluir-se que o AIS está sempre disponível, é fiável e eficaz, pelo que houve uma forte concordância neste sentido. Concorda-se que o SIA é flexível e fácil de utilizar, mas, no que respeita à taxa de satisfação global, 50% concordam com este facto. Existe um forte consenso quanto ao facto de as informações solicitadas no AIS serem sempre fiáveis. Foi igualmente acordado que as informações solicitadas ao AIS são exactas, oportunas, precisas, adequadas e significativas. A partir da informação extraída dos 104 inquiridos, estes concordaram fortemente que costumam obter ajuda do pessoal de apoio informático da organização quando se deparam com dificuldades durante a utilização do AIS. Para além disso, a ajuda também pode ser facilmente obtida junto do Institute of Chartered Accountants, do manual do AIS e dos colegas. Os serviços de apoio prestados pelo pessoal da sede do AIS foram considerados adequados, pertinentes, prestados num prazo aceitável, com uma atitude positiva e, de um modo geral, satisfatórios.

Considerando os factores organizacionais, foi acordado que o incentivo à utilização do SIA provém do apoio do escritório do circuito, da disponibilidade de computadores na organização, do acompanhamento feito após a implementação do sistema, do incentivo da sede e, finalmente, do empenho do Institute of Chartered Accountants no apoio ao SIA. A nível social, os inquiridos concordaram que a sua utilização do AIS tinha sido influenciada pelos seus colegas, funcionários da sede, chefe de departamento, contabilista, direção da sede, pessoal do AIS da sede e subordinados. A utilização do AIS foi geralmente aceite pela organização dos inquiridos como sendo produtiva, racional, eficiente e eficaz. Verificou-se um forte consenso quanto ao facto de a introdução do AIS ter por objetivo centralizar o controlo pelo Institute of Chartered Accountants. Foi acordado que a sua introdução melhora a administração da organização, o trabalho dos contabilistas, as competências administrativas e de gestão do pessoal da organização e facilita igualmente o trabalho do pessoal da organização.

5.6. INTERPRETAÇÃO DOS RESULTADOS

O pacote estatístico para as ciências sociais (SPSS) foi utilizado para efetuar a análise deste trabalho. Os cientistas sociais têm utilizado o software para efetuar testes T que comparam as médias de dois grupos de resultados. As pontuações podem ser do mesmo grupo de um fenómeno em momentos diferentes ou de dois grupos com amostras independentes. Os resultados da análise incluem o valor T (ou seja, a estatística do teste ou os valores calculados e o nível de significância), que é a probabilidade de a diferença entre as pontuações se dever à variável preditora e não ao acaso.

5.6.1 Hipótese 1

Foi utilizado o teste T de amostras emparelhadas no SPSS para determinar a significância estatística entre os factores sociais e os factores organizacionais. O resultado deu um valor P de 5,76. Por conseguinte, com um valor de P superior a 0,05, conclui-se que não existe uma diferença estatisticamente significativa entre os dois factores que influenciam conjuntamente a utilização do SIA. Por conseguinte, rejeita-se a hipótese H_i e aceita-se a hipótese H_0. Esta conclusão foi também justificada pelo resultado da análise de correlação entre os dois factores. Foi obtido um coeficiente de correlação de -0,45, o que sugere uma relação negativa entre os dois factores.

Ismail (2009) incentiva os gestores das organizações a adquirirem conhecimentos suficientes sobre os sistemas de informação contabilística para compreenderem melhor as necessidades de informação da empresa. Ao fazê-lo, permitirá que uma organização aprenda com a implementação do AIS para que as oportunidades possam ser reconhecidas, com a iniciativa de apoiar as necessidades de informação. E, ao arquivar esta nova inovação, as organizações contabilísticas precisam de formação, desenvolvendo novas competências para aceitar a utilização do AIS.

Johnson (1989) Diretores de qualidade demasiado ambiciosos implementaram, por vezes, programas de formação desnecessários que eram exercícios de sobrecarga de informação, condenando-os ao fracasso (Chang, 1993). Por conseguinte, para garantir resultados positivos na formação, as organizações precisam de completar as fases necessárias para a formação: primeiro, a avaliação das necessidades; segundo, o desenvolvimento; e terceiro, a avaliação. Tem havido investigação sobre a avaliação da eficácia de diferentes técnicas de formação para atingir diferentes objectivos de formação. Este estudo é muito importante, ao realçar o desempenho da formação para a qualidade dos sistemas de informação contabilística.

5.6.2 Hipótese 2

Foi também utilizado o teste T de amostras emparelhadas para determinar se existe uma diferença estatisticamente significativa entre os factores sociais e a perceção da utilização do AIS. Um resultado de significância bicaudal deu um valor P de 0,007. Isto indica que existe uma diferença estatisticamente significativa entre os factores sociais e a perceção da utilização do AIS, porque o valor de p é inferior a 0,05. Por conseguinte, a hipótese H_1 é aceite e a hipótese H_0 é rejeitada. Foi obtido um coeficiente de correlação de 0,68, indicando uma relação positiva entre os dois factores.

Fowzia et al (2011) expandiu o seu estudo sobre a realização do objetivo, determinado pela avaliação dos níveis de perceção de quatro factores, tais como a expetativa de esforço, a influência social, a condição social e a expetativa de desempenho no Bangladesh. Neste estudo, verificou-se que não desempenha qualquer papel na investigação os factores sociais, os factores organizacionais, a intenção de utilização e os factores de adoção, utilizando um quadro teórico para determinar a aceitabilidade e a utilização dos sistemas de informação contabilística.

5.6.3 Hipótese 3

O resultado do teste T de amostras emparelhadas significativo bicaudal entre os factores organizacionais e a perceção da utilização do SIA deu um valor P de 0,01, que é inferior a 0,05. Isto implica que existe uma diferença estatisticamente significativa entre os dois factores. Por conseguinte, a hipótese H1 é aceite e a hipótese H_0 é rejeitada. O modelo de aceitação da tecnologia (TAM) foi adotado e testado.

Tanis (2009) centra-se na informação contabilística automatizada e na forma como está a ser aplicada no processo contabilístico. A aceitabilidade e a utilização do AIS ainda não foram estabelecidas e as variáveis de medição da aceitabilidade com a utilização de hipóteses ainda não foram exploradas. Com base neste estudo, mostra-se que a organização precisa de empregar o profissional para desenvolver novas competências que irão aumentar a aceitabilidade da utilização do AIS.

Abdujalil (2009) A investigação confirmou que a relação entre a utilidade percebida e a facilidade de utilização contribui positivamente para a adoção do SIA entre as organizações do sector público. Forneceu estimativas do modelo de investigação e sugeriu quais os componentes do item de adoção que terão mais êxito na adoção do AIS. O modelo de investigação está a ser aplicado na adoção do desempenho tecnológico para ser bem sucedido. Com base neste estudo, ajuda a organização a analisar o programa existente, ou workshop, onde pode melhorar os empregados através da aquisição de infra-estruturas de (AIS) para desenvolver mais competências.

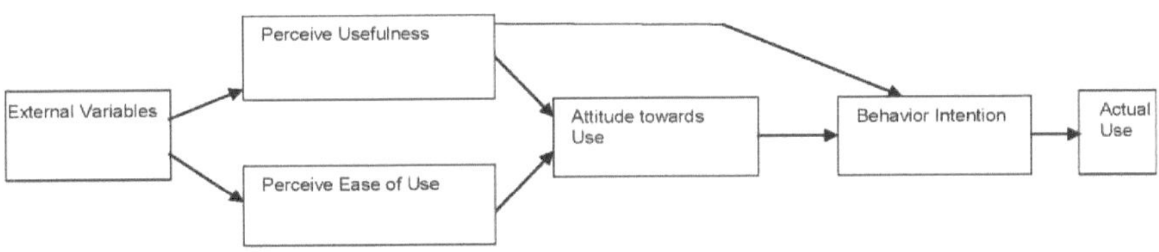

Modelo de aceitação da tecnologia (Davis et al 1989)

5.7 Um modelo concetual para os factores que influenciam a utilização de sistemas de informação contabilística

Informado pelas provas empíricas, o modelo abaixo modificado mostra os factores que efetivamente influenciam. Após a análise e as provas empíricas terem sido realizadas, o quadro abaixo foi testado com a prova de hipóteses.

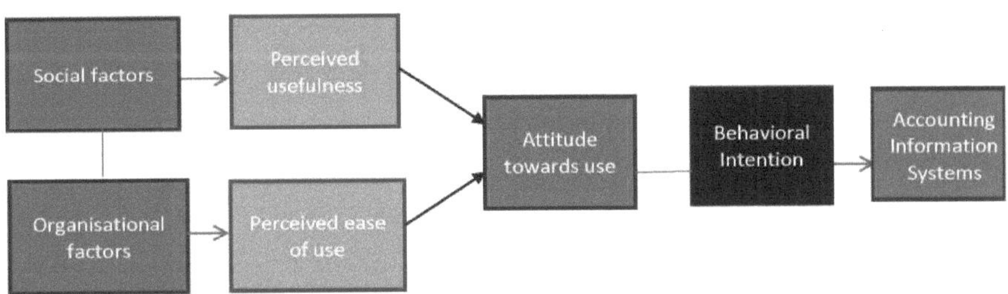

Figura 5.7.1... Um modelo concetual para a utilização do sistema de informação contabilística

Discutir o modelo concetual

Com base na literatura e nos quadros teóricos, foram testadas as seguintes hipóteses, a fim de atingir o objetivo deste trabalho:

Hipótese1:

H1.: Existe uma relação positiva entre os factores sociais e os factores organizacionais na utilização do AIS

H0: Não existe uma relação positiva entre os factores sociais e os factores organizacionais

- Os factores organizacionais consideram o aumento do nível de compromisso do utilizador final através da educação.
- Os factores organizacionais influenciam a forma de captar, processar, armazenar e distribuir

  informações sobre a utilização do AIS
- Os factores organizacionais têm em conta a formação, a comunicação suficiente e a relação com os empregados na adoção do AIS
- Fator de organização influencia o controlo eficiente para garantir a qualidade dos dados.

Hipótese 2:

H1: Existe uma influência positiva entre os factores sociais e a perceção de utilidade do AIS

H0: Não existe uma influência positiva entre os factores sociais e a utilidade percebida

- O fator social influencia a mudança de atitude individual na utilização do AIS
- O fator social considera o processo que determina o empenho individual na utilização do AIS
- Os factores sociais influenciam o AIS e são a conformidade, a identificação e a internalização
- Os factores sociais, como as normas, os papéis e os valores da sociedade, podem influenciar um indivíduo na utilização do AIS.
- Mostrou que os factores sociais têm uma influência indireta no comportamento através de

PU, PEOU e ATU

Hipótese 3:

H1: Existe uma relação positiva entre os factores organizacionais e a perceção da facilidade de utilização do AIS.

H0: Não existe uma relação positiva entre o fator organizacional e a perceção da facilidade de utilização do AIS

* A perceção da facilidade de utilização garante que não haverá erros ou omissões na utilização do AIS
* A utilização do AIS, por sua vez, é influenciada pela perceção da facilidade de utilização

5.8 CONCLUSÃO

A partir dos resultados da análise estatística, pode deduzir-se que a utilização do SIA é relativamente aceite nos gabinetes de contabilidade, o que se deve em grande parte à "mudança" que advém da utilização dessa aplicação. A utilização do SIA, que é uma aplicação baseada em computador, traz uma nova tendência de mudança da forma convencional de contabilidade para uma forma informatizada, para a qual a maioria das pessoas não está preparada ou tem muita dificuldade em adaptar-se. Verifica-se que a sua utilização é maioritariamente influenciada pela instituição. Verificou-se também que a maioria dos utilizadores recentes tem um diploma de nível superior e uma experiência mínima na utilização de computadores. Isto cria, portanto, um nível de dificuldade para a utilização efectiva das aplicações disponíveis.

Considera-se que a utilização do SIA melhorou a produtividade e o desempenho do trabalho dos utilizadores, embora tal não tenha sido quantificado neste estudo. Além disso, este estudo concluiu que os três factores que influenciam o processo AIS têm um efeito direto na atitude, embora não se tenha observado qualquer efeito direto deste processo nas intenções comportamentais. Assim, esta ênfase nas iniciativas de adoção e difusão da inovação deve centrar-se no desenvolvimento de atitudes dos utilizadores que conduzam a uma utilização eficaz e a um comportamento de aceitação.

5.9 RECOMENDAÇÕES

Para uma utilização adequada e eficaz do AIS, deve haver uma maior sensibilização para a utilização e a importância do AIS, a fim de facilitar a sua adoção generalizada. Por conseguinte, devem ser incentivados níveis mais elevados de educação formal, juntamente com seminários, formação e reciclagem dos utilizadores para uma melhoria adequada. Além disso, devem ser realizados mais estudos para quantificar o impacto do SIA nas empresas de contabilidade, a fim de se poder determinar todo o seu potencial.

5.10   SUGESTÕES PARA TRABALHOS FUTUROS

Com base na sugestão de trabalho futuro do investigador, este observou que ainda existe uma escassez de estudos sobre o impacto e os resultados do sistema de informação contabilística, pelo que se pode continuar a estudar o assunto. Isto ajudar-nos-á a avaliar o impacto destes sistemas em vários serviços. No entanto, a sugestão para o trabalho futuro também lançará luz sobre a utilização de aplicações informáticas em diferentes organizações, facilitando o desempenho profissional, a criação de competências e a melhoria profissional e a produtividade no seu conjunto.

Referências

AJZEN, I. E FISHBEIN, M. 1991. "Attitude-behavior relations: a theoretical analysis and review of empirical research". *Psychological Bulletin: 84, 1977, pp. 1888- 1918*

ALVES, G. M. junho de 2010. Papéis das Tecnologias de Informação nas tarefas de Contabilidade - Um estudo de caso múltiplo. *Revista Internacional de Comércio, Economia e Finanças, Vol. 1.(23);213-228*

ALVES, M. C. G. 2010. Papéis das Tecnologias de Informação nas Tarefas Contabilísticas - Um Estudo de Casos Múltiplos. *Revista Internacional de Comércio, Economia e Finanças,* 1(1):103-107.

ATTEWELL, P. & 1992. Technology Diffusion and Organisational Learning: *The Case of Business Computing. Organisation Science.3 (1), 1-19.e, 13(11), 11-19.*

BABBIE, E. 2004. The practice of social research, 10th Ed. Austrália; Thomson Wadsworth Australia.

BAGOZZI, R. P., DAVIS, F. D. A. & 1992. *Desenvolvimento e teste de uma teoria de*

aprendizagem e uso de tecnologia. Relações humanas.45 (47), 660-686. .

BERGERON, F. & RAYMOND, L. A. R., S. 2001. Fit-in strategic information technology management research An empirical comparison of perspectives, omega *The International Journal of Management Science Vol. 29,:pp. 125-142.*

BERTRAND, M. A. & BOUCHARD, S. 2008. Aplicando o Modelo de Aceitação de Tecnologia à RV com pessoas que são favoráveis ao seu uso. *Journal of Cyber Therapy & Rehabilitation, 1(2):200-207.*

BLAIKIE, N. 2003. Designing social research. Cambridge; Polity Press.

BLILI, S. & RAYMOMD, L. 1993. Information technology; threats and opportunities for small and medium-sized enterprise. *International Journal of Information Management, 13, 439-448.*

BONNEMA, J. A. & VAN DER WALDT, D. L. R. 2008. Information and source preferences of a student market in higher education. *International Journal of Educational Management, 22(4):314-327.*

BURGESS, S. 1997. "A Categorized Study of the Use of IT in Small Business" *Relatório detalhado do inquérito, Small Business Victoria, Melbourne, Austrália*

CHANG, C. H., & JEVONS LEE, C. W. 1997. Information acquisition as business strategy. . *Southern Economic Journal: 58(53); 750-761.*

CHANG, R. 1993. When TQM Goes Nowhere. *Training and Development, Vol. 47, no. 1, pp. 22-*

COHEN, J. F. A. & HOLIDAY, M. 1996. *Practical Statistics for students. Londres; Paul Chapman.*

DALCI, G. A. & TANIS, V. N. 2004. *Benefits of Computerized Accounting Information Systems on the JIT Production Systems. Qukurova Universities SBE Dergisi, 13(1):21-36.*

DALCI, I. & TANIS, V. N. 2009. Benefits of Computerized Accounting information systems *on the JIT Production Systems Review of Social, Economic & Studies, 2:45-62*

DAVIS, F. D. 1989. *Perceived usefulness, perceived ease of use, and user acceptance of information technology MIS Quart, Vol 11; 13 (13) 319-339*

DAVIS, F. D., BARGOZZI, BARGOZZI, R. P., & & WARSHAW, P. R. 1992. *User acceptance of computer technology: a comparison of two theoretical models, Management Science, 35,982-1003*

DITSA, G. 2004. Uma conceção de investigação e uma abordagem metodológica ao teste exploratório do comportamento dos utilizadores: lições aprendidas. *Conferência Internacional da Associação de Gestão de Recursos de Informação, Nova Orleães, EUA.*

DOCEU, M. A. & ALVES, G. 2010. Papéis da Tecnologia da Informação na Contabilidade: tarefas - Um Estudo de Casos Múltiplos. *Revista Internacional de Comércio, Economia e Finanças, 1(1):103-107.*

DUHAN, S. 2007. *Um conjunto de ferramentas baseado em capacidades para o planeamento estratégico de sistemas de informação nas PME. Revista Internacional de Gestão da Informação, 27, 352-367.*

DUILLMAN, D. A. 2000. *Inquérito por correio e telefone - o método de conceção total. Nova Iorque; John Wiley and Sons.*

FALCONER, D. J. & AND HODGET, R. A. 1996. *A survey of strategic information systems planning in Australian companies, in proceedings of the Information Systems Conference of New Zealand (ISCNZ'96), 85.*

FIELD, A. 2005. Discovering statistics using SPSS for windows. Londres; Sage.

FISHBEIN, M. A., AJEN, I. & NASH , J. F. 1975 *Belief, Attitude, Intention and Behavior: an introduction to theory and research Reading MA; Addison - Wesley.*

FOWZIA, R. & NASRIN, M. MAY, 2011. *Apreciação dos sistemas contabilísticos informatizados nas instituições financeiras do Bangladesh. World Review of Business Research, Vol, No, 2.*

GRANLUND, M. 2007. *On the Interface between Management Accounting and Modern Information Technology - A literature review and some empirical evidence. Evidência empírica.*

Documento de trabalho, SSRN

GUINEA, A., KELLEY, H. & HUNTER, M. G. 2005. 'Information systems effectiveness in small businesses: *Extending a Singaporean model in Canada. Journal of Global Information Management, Vol. 13, no 3, pp 55-79.79*

HAIYAN XIANG & YIN, K. 2011. *Investigação sobre a construção da informação contabilística com base na abordagem de eventos, American Journal of Engineering and Technology Research, Vol,11: no,9.*

HARRISON, D. A. M., P.P. & RIEMENSCHNEIDER, C. K. 1997. *Executive decisions about adoption of information technology in Small business. Theory and empirical test inform systems Res 8 171-185*

HENEMAN, H. G. A. & GUDGE, T. A. 2003. *Staffing Organisations, 4ª Ed. Nova Iorque; McGraw- Hill.*

HONGJIANG, X. 1999. Questões de qualidade dos dados para a implementação de sistemas de informação contabilística: Systems, Stakeholders and Organisational factors, *Journal of Technology Research, 2 (Data Quality Issues)1*

IGBARIA, M., ZINATELLI, N., CRAGG, P. B., E & CAVAYE, A. L. M. 1997. *Fatores de aceitação da computação pessoal em pequenas empresas. A structural equation model, Vol. 21, (Quarterly):no. 3, pp. 279-305.*

IKART, E. M. 2005. *Factores críticos de sucesso na utilização de sistemas de informação para executivos nas organizações. Tese de doutoramento, Universidade de Wollongong.*

ISMAIL, N., A. 2009. Factores que influenciam a eficácia do SIA nas PME do sector transformador. O

Revista eletrónica *sobre sistemas de informação nos países em desenvolvimento, Vol, 1 pp 38, 10, 1-19.*

ISMAIL, N. A. & E KING, M. 2005. "Firm Performance and AIS alignment in Malaysian SMEs." *International Journal of Accounting Information Systems, Vol. 6:241-259.*

ISMIL, A., N. 2007. Factores que influenciam o alinhamento dos sistemas de informação contabilística nas pequenas e médias empresas industriais da Malásia. *Journal of Information Systems and Small Business, Vol. 1.*

JALIL, A. A. & MESBAH, K. 2009. *The Adoption of Accounting Information Systems among Public Accountants in Tripoli, Libya. Universidade de Utara, Malásia.*

JOHNSON, D. G., KING M., R.A., L. & J.A, A. P. 1989. Estudar o impacto da tecnologia da informação no papel do contabilista de gestão - *um quadro concetual e um método de investigação, Management Research; (4); 4-6.*

JOHNSON, J. R., LEITCH, R. A. & NETER, J. 1981. *Characteristics of Errors in Accounts receivable and inventory audits. The accounting review, Vol 56; no 2, pp.270*

JOHNSTON, D. C. 1997. Computadores entupidos, o IRS procura contratar processadores externos. New York Times. 31 de janeiro

KELMAN, E. M. A. & CONCA, C. 1999. *Use of response Data: the potential for Errors and biases in Information Systems, Research, 5, pp. 48-73.*

KELMAN, H.C. 1958. Compliance identification and internalization: three processes of attitude change, *Journal of Conflict Resolution Vol 2:1958, pp. 1951-1960*

KHALIL, O. E. & E ELKORDY, M. M. 2005. *EIS information; use and quality determinants, information Resource Management journal, .18 (12), 68-93.*

KIM, R. 1996) *An Empirical investigation of factors influencing the utilization of executive information systems. Vol 2, 1:3 a 18.*

LAUDON, K. C. 1991. *Data Quality and Due Process in Large Inter-organational Record Systems, Communications of the ACM, Vol. 29,no. 1, pp. 4-11*

LEDERER, A. L. & E SALMELA, H. 1996. Towards a theory of strategic information systems planning. *Journal of Management Information Systems. 5:237-253.*

LIMAYEM, M., KHALIFA, M. A. & CHIN, W. W. 2004. *IEEE Tran Factores que motivam a pirataria de software: A longitudinal study section on engineering management 51(54), 414 - 425.*

MARRIOT, N., E & MARRIOT, P. 2000. Contabilistas profissionais e o desenvolvimento de um serviço de contabilidade de gestão para a pequena empresa. *Barriers and Possibilities, Management Accounting Research, 11, 475-492*

MATHIESON, K. 1991. Predicting user intentions: *Comparação do modelo de aceitação da tecnologia com a teoria da informação do comportamento planeado. Systems Res 2(3) 173-191*

MATHIESON, K. 1995. *Predicting User intention comparing the technology acceptance model with the theory Information Systems Research: 6, 1995, pp. 1144-1176*

MENTZAS, G. 1997. Implementação de uma estratégia de SI - uma abordagem de equipa. *Planeamento a longo prazo 10 (11), 84-95.*

MITCHELL, F., REID, G. A. & SMITH. 2000 . *Desenvolvimento de Sistemas de Informação na Pequena Empresa. The Use of Management Accounting, CIMA Publishing.*

MOUTON, J. 2001. *How to succeed in the Master's and Doctoral Studies: a South African Guide and research Book. Pretória; Van Schaik.*

MOHER D, LIBERATI A, TETZLAFF J, & ALTMAN DG, THE PRISMA (2009*). Preferred Reporting Items for Systematic Reviews and Meta-Analyses: The PRISMA Statement. PLoS Med 6(6): e1000097. doi:10.1371/journal.pmed1000097*

NASH, J. F. 1989. Accounting Information Systems. Upper Saddle River, NJ. Segunda edição: 5 a 12.

NEUMAN, W. L. 2003. *Métodos de investigação social: Qualitative and Quantitative Approaches. Nova Iorque; Pearson Education, Inc.*

NEWKIEK, H. E. A. & LEDERER, L. L. 2006. A eficácia do planeamento estratégico de sistemas de informação para recursos técnicos, recursos humanos e segurança de dados em ambiente de heterogeneidade e hostilidade. *The Journal of Computer Information Systems: 47 (43), 34-44.*

ODUBANJO, F. 2009. Efeito das tecnologias de informação e comunicação nas operações bancárias na Nigéria. *Journal of Information Technology. 1: página 1 a 2.*

OLUGBODE, M., ELBELTAGI, I. S. & BISS, T. 2008. The effect of information systems on firm performance and Profitability using a case study approach. *The Electronic Journal of Information system evaluation, Volume 11 (issue 1):pp35-40.*

PHAU, I., TEAH, M. & LWIN, M. 2009. Facilitating conditions and social factors as predictors of attitudes and intentions to illegally download. *Documento apresentado nas actas da conferência da academia de marketing da Austrália e da Nova Zelândia.*

PROF, B., J. & DR, SCIULLI, N, 28 Set-1 Out, 2003 The Use of Computerized Accounting Systems in Small Business. *16ª Conferência Anual da Associação de Pequenas Empresas da Austrália e Nova Zelândia,*
RAHMAN, M., & HALLADAY, M. . 1988). *Accounting Information Systems: Principles, Applications and Future Diretions. New Jersey: Prentice Hall*

RAYMOMD, L. A. & BERGERON, F. 1992. Planning of Information Systems to Gain a Competitive Edge. *Journal of Small Business Management: 30(31).*

ROGERS, E. 1995. Diffusion of Innovation. 4ª Ed.

ROGERS, E. M. (1986) Communication Technology - The New Media In Society. *Nova Iorque, NY; The Free Press.*

ROMNEY, M. B., MARSHALL B. & E STEINBART, P. J. 2009. *Accounting Information Systems. Upper Saddle River, NJ. 2:4 a 52.*

ROSNOW, R. L. A. & ROSENTHAL, R. 1999. *Beginning behavior research: a concetual primer. Englewood Cliff; Prentice Hall.*

SARANTAKOS, S. 2002. Social Research, 2nd edn, MacMillan Publisher Australia Pty Ltd.

SEALEHI, M. & ABDIPOUR, A. 2011. Um estudo sobre a barreira da implementação de sistemas de informação contabilística. *Journal of Economic and Behavioral Studies, Vol, 2 no.2: pp 76-85.*

SEGARS, A., H & GROVER, V. 1999. *Profile of strategic information systems planning information systems research, .10 (13), 199-232.*

SEKERAN, U. 1992. Research Methods for Business. New York. John Wiley and Son , Inc.
SMITH, J. 1999. Information Technology in the Small Business: Establishing the Basis for management information systems. *Journal of Small Business and Enterprise Development: 6(4), 326- 340.*

SORI, Z. M. 2009. Sistemas de Informação Contabilística (SIA) e Gestão do Conhecimento: Um Estudo de Caso. *American Journal of Scientific Research, 4:36-44.*

TIIONG, J. Y. L., 1999. Um modelo integrado de adoção de sistemas de informação em pequenas empresas. *Journal of Management Information Systems: 15(14), 187-214.*

THONG, J. Y. L. & YAP, C. S. 1995. CEO characteristics, organisational characteristics and information technology adoption in small businesses. OMEGA *International Journal of Management Science, Vol. 23: no 4.*

TRIANDIS, H. C. 1979. Valores, atitudes e comportamento interpessoal. *Trabalho apresentado no Simpósio de Motivação do Nebraska.*

VENKATESH, V. & 2000. Determinants of perceived ease of use: integrating control, intrinsic *motivation, and emotion into the technology acceptance model. Information Systems Research: 11, 342-365*

VENKATESH, V. & DAVIS, F. D. 1996. *A Model of the antecedent of perceived ease of use: Development of a Test, Decision Science 27 pp. 451-481.*

VEYIS, N. T. 2011. Departamento de Administração de Empresas, Faculdade de Ciências Económicas e Administrativas, Universidade de Cukurova, Benefício do sistema de informação contabilístico informatizado.

WILKINSON, J. W. 1993. Accounting Information Systems: *Essential Concepts and Applications Second Edition, Nova Iorque: John Wiley & son Inc*

WILKINSON, J. W. & 1993. *Accounting Information Systems: Essential Concepts and Applications. Segunda edição (Nova Iorque: John Wiley & Sons Inc).*

YONGMEI L., HONGJIAN L. & JUNHUA H. 2008 IT *Capability as moderator between IT investment and firm performance. Tsinghua Science and Technology, 13(3); 329-336*

YUSOF, S. M. & ASPINWALL, E. 1999. *Factores críticos de sucesso para a implementação da gestão da qualidade total em pequenas e médias empresas. Total Quality Management, julho pp. 803*

YOGESH, M. & G, D. F. 2011. *Impacto da adoção de sistemas de informação contabilística nas empresas de Contabilidade Pública. Vol, 2*

CARTA DE APRESENTAÇÃO

12 de agosto de 2012

Gestor: TI

A QUEM POSSA INTERESSAR

Senhor

Título do Projeto: Factores que Influenciam a Utilização de Sistemas de Informação em Organizações de Contabilidade na África do Sul

Convidamo-lo a participar neste estudo sobre os factores que afectam a utilização de sistemas de informação contabilística em organizações de contabilidade na África do Sul. Estamos a realizar esta investigação como parte dos requisitos **do Sr. Oluwaseun Johnson Awosejo** para o grau de Mestre em Sistemas de Informação Empresarial.
Os Sistemas de Informação Contabilística (SIE) devem ajudar uma organização a aumentar a sua produtividade, fornecendo informações exactas e atempadas necessárias para a tomada de decisões.

No entanto, estudos anteriores não determinaram completamente os factores que influenciam a utilização do SIA. Neste sentido, o objetivo deste estudo é desenvolver um quadro para compreender a utilização do AIS, no contexto das empresas de contabilidade na África do Sul. Para que os resultados representem verdadeiramente o pensamento e os pontos de vista da organização, através dos participantes do pessoal, é importante que o questionário em anexo seja preenchido na íntegra. Ao preencher o questionário, estará a contribuir para o desenvolvimento de um quadro de utilização, ao mesmo tempo que alarga o conhecimento sobre o AIS. A sua participação neste estudo é muito importante, mas estritamente voluntária. As informações que fornecer para este estudo serão tratadas confidencialmente e todos os dados em bruto serão guardados num local seguro. Os dados e os resultados serão apresentados apenas de forma agregada. Assim, a identificação direta de um indivíduo ou de uma empresa será minimizada.

Pode obter um resumo dos resultados escrevendo o seu nome e endereço no verso do envelope de devolução pré-pago, inserindo o seu cartão de visita nesse envelope ou enviando um pedido separado por correio eletrónico para awosejooj@tut.ac.za. Esperamos receber o seu inquérito preenchido nos próximos 10 dias. Se tiver alguma dúvida ou preocupação, não hesite em contactar-nos. Obrigado pelo vosso tempo e experiência.

Com os melhores cumprimentos
Prof. Ray M. KEKWALETSWE
Supervisor de investigação
Faculdade de TIC
Universidade de Tecnologia de Tshwane

Questionário de inquérito

Inquérito sobre o Sistema de Informação Contabilística (SIA)

Este questionário faz parte de um estudo sobre o sistema de informação contabilística (SIA). O SIA é uma aplicação informática especificamente concebida e utilizada para gerir e administrar eficazmente as operações contabilísticas diárias. Este inquérito destina-se a compreender a utilização do AIS e a melhor forma de utilizar o sistema para atingir os objectivos pretendidos

A. EXPERIÊNCIA EM INFORMÁTICA E AIS

As perguntas que se seguem referem-se à sua experiência com computadores e com o Sistema de Informação Contabilística (SIA).

1 *A sua experiência com computadores*

Há quantos anos utiliza computadores? *(Assinale uma opção)*

(a) 1 - 4   (b) 5-9   (c) 10 - 14 (d) 15 ou mais

2 *A sua experiência com o AIS*

H Há quantos anos utiliza pessoalmente o *AIS*? *(Assinale uma opção)*

(a) 1-2 (b) 3-4   (c) 5-6   (d) 7 ou mais

3 *Qual das asas do fólio o descreve melhor?*

Non-User	
Novice casual (intermittent) User	
Novice frequent user	
Expert (knowledgeable) casual User	
Expert (knowledgeable) frequent User	

4 *Frequência de utilização do AIS*

Em média, com que frequência utiliza o AIS? *(Assinale uma opção)*

Once a month	
Twice a month	
Three times a month	
Four times a month	
More than four times a month	

5   Quantos pacotes/software AIS conhece?
(a) 1 b) 2 c) 3 d) 4 e) mais de 4
6   Lista de pacotes que utiliza?
(a).......................................

B. UTILIDADE PERCEBIDA

Seguem-se algumas afirmações sobre a sua opinião pessoal acerca da utilidade do AIS para si e para a organização, bem como a sua inclinação para utilizar o sistema. Faça um círculo à volta da sua resposta a cada uma destas afirmações.

(SA - Concordo totalmente, A - Concordo, U - Incerto, D - Discordo, SD - Discordo totalmente)

Creio que a minha utilização do AIS terá o seguinte resultado

	Strongly Agree	Agree	Uncertain	Disagree	Strongly Disagree
B1 AIS improves how I keep the data information					
B2 AIS will enable me to process accounting work quickly					
B3 AIS will improve the process of publishing work					
B4 Overall AIS will be very useful					

C. PERCEPÇÃO DA FACILIDADE DE UTILIZAÇÃO

Seguem-se algumas afirmações sobre a sua opinião pessoal acerca da facilidade de utilização do AIS e da sua inclinação para utilizar o sistema. Faça um círculo à volta da sua resposta a cada uma destas afirmações. Com base no meu conhecimento do AIS

	Strongly Agree	Agree	Uncertain	Disagree	Strongly Disagree
C 1 Learning to operate AIS easy for me					
C2 It is easy to do the AIS with work schedule					
C3 It is easy to publish accountant works with AIS					
C4 It is easy to team the different aspects of AIS					
C5 My interaction with AIS are clear and Understandable					

D.   CONDIÇÕES FACILITADORAS

A formação na utilização do AIS é considerada um fator importante para a adoção e utilização do AIS. A satisfação do utilizador de um sistema de informação pode ser medida por alguns atributos do sistema. Seguem-se algumas afirmações sobre a sua formação em AIS e os serviços de apoio ao AIS que recebeu ou continua a receber; a sua satisfação com o próprio AIS e as informações de que necessita do AIS. Assinale a sua resposta a cada uma destas afirmações.

1.   Recebeu formação para utilizar o AIS? SIM ou NÃO

2.   Se a sua resposta à pergunta 1 for SIM, qual foi a duração da formação para o AIS *(assinale a opção adequada)*

1 day	
2 days	
3 days	
4 days	
5 days and above	

3.   A formação AIS foi satisfatória em termos de: *(Assinale a opção correta)*

		Adequately	Inadequately	Averagely
D3.1	The quality of the Training			
D3.2	The duration of the training			
D3.3	The pace of training			
D3.4	The competence of the trainers			
D3.5	1 can use AIS with confidence			

4. O AIS é sempre?

		Strongly Agree	Agree	Uncertain	Disagree	Strongly Disagree
D4.1	Available					
D4.2	Reliable					
D4.3	Effective					
D4.4	Flexible					
D4.5	Easy to use					
D4.6	Overall Satisfactory					

5. As informações de que necessito do AIS são sempre

		Strongly Agree	Agree	Uncertain	Disagree	Strongly Disagree
D5.1	Reliable					
D5.2	Accurate					
D5.3	Timely					
D5.4	Precise					
D5.5	Adequate					
D5.6	Meaningful					

6. Quando se depara com dificuldades com o AIS, é fácil obter ajuda de

		Strongly Agree	Agree	Uncertain	Disagree	Strongly Disagree
D6.1	IT support Personnel in the organization					
D6.2	The institute of Chartered Accountants					
D6.3	AIS Manuals					
D6.4	Colleagues					

7. Os serviços de apoio prestados pelo pessoal da sede da AIS são sempre?

		Strongly Agree	Agree	Uncertain	Disagree	Strongly Disagree
D7.1	Adequate					
D7.2	Relevant					
D7.3	Provided within acceptable time					
D7.4	Provided with a positive attitude					
D7.5	Overall Satisfactory					

E FACTORES ORGANIZACIONAIS

As caraterísticas e condições organizacionais têm o potencial de incentivar a adoção e utilização dos sistemas informáticos disponíveis na organização. Seguem-se algumas afirmações sobre a sua opinião quanto ao facto de as condições na sua organização o incentivarem a utilizar o AIS. Assinale a sua resposta às seguintes afirmações.

Sou encorajado a utilizar o AIS porque:

		Strongly Agree	Agree	Uncertain	Disagree	Strongly Disagre
E1	The circuit office supports the use of AIS					
E2	Of availability of computers in the organization					
E3	Of follow-ups made after the implementation of AIS					
E4	Head office encourages the use of AIS					
E5	The commitment of the institute of chartered accountant support the AIS					

F. FACTORES SOCIAIS

Algumas organizações utilizam sistemas de informação como resultado de auto-instruções, fazem-no porque é considerado correto e apropriado por alguns membros da organização (normas organizacionais). E algumas pessoas, em virtude de suas funções na organização, podem ser esperadas por alguns membros da organização para usar sistemas específicos. Além disso, algumas tendências gerais na organização de preferir certos estados de coisas a outros (valores) podem ditar que alguns sistemas sejam usados. Seguem-se algumas afirmações sobre normas, funções e valores em relação à utilização do AIS Assinale a sua resposta a cada uma destas afirmações

The following people think that I should use AIS:		Strongly Agree	Agree	Uncertain	Disagree	Strongly Disagree
F1	My colleagues					
F2	Circuit Office officials					
F3	Head of Department					
F4	The accountant					

		Strongly Agree	Agree	Uncertain	Disagree	Strongly Disagree
F5	The head of Management					
F6	Head Office AIS staff					
F7	My subordinates					

A utilização do AIS é geralmente considerada na minha organização como sendo:

		Strongly	Agree	Uncertain	Disagree	Strongly
F8	Productive					
F9	Rational					
F10	Efficient					
F11	Effective					

G. OBJECTIVO DO AIS

Não existe uma resistência irracional à mudança. Cada mudança é avaliada como sendo favorável ou desfavorável por cada indivíduo afetado por ela. As funções administrativas são as que têm a ver com o trabalho burocrático, ao passo que a gestão se ocupa de liderar pessoas. Abaixo estão perguntas sobre a sua opinião acerca das razões para a introdução do AIS na organização. Assinale a sua resposta

O AIS foi introduzido com os seguintes objectivos

		Strongly Agree	Agree	Uncertain	Disagree	Strongly Disagree
G1	Centralize control by the institute of chartered					
G2	Improve organization administration					
G3	improve accountant work					
G4	Improve the administrative and management skills of organization personnel					
G5	Make the work of organization personnel easier					

H. INTENÇÃO DE UTILIZAR O AIS

A intenção das pessoas de utilizar um sistema pode ser influenciada pela sua perceção de que o sistema é fácil de utilizar e de que o sistema as ajuda nas suas tarefas diárias. As perguntas seguintes baseiam-se na sua disponibilidade para utilizar o AIS. Assinale a sua resposta

A minha intenção de utilizar o AIS

	Strongly Agree	Agree	Uncertain	Disagree	Strongly Disagree
H1					
H2					
H3					

INFORMAÇÕES PESSOAIS

Estamos a solicitar as seguintes informações pessoais sobre si para nos ajudar na análise dos dados. As informações fornecidas não o identificarão. Por favor, assinale a caixa apropriada para a sua resposta.

1 Sexo: (a) Masculino (b) Feminino

2. Idade   (a) 18 - 25 (b) 26-35(c) 36 -45   (d) 46-55   (e) Mais de 56

3. Nível de ensino mais elevado atingido:
(a) Certificado (b) Diploma (c) Bacharelato (d) Pós-graduação

Outros *(especificar)*

Outros *(especificar)*

Mais uma vez, obrigado pelo tempo e esforço despendidos para responder a este questionário. Agradecemos o seu valioso contributo para este estudo. Por favor, forneça-nos comentários adicionais sobre o AIS e a utilização do AIS na sua organização. Por favor, forneça os seus comentários abaixo ou envie-os por correio eletrónico para ????

Obrigado.

I want morebooks!

Buy your books fast and straightforward online - at one of world's fastest growing online book stores! Environmentally sound due to Print-on-Demand technologies.

Buy your books online at
www.morebooks.shop

Compre os seus livros mais rápido e diretamente na internet, em uma das livrarias on-line com o maior crescimento no mundo! Produção que protege o meio ambiente através das tecnologias de impressão sob demanda.

Compre os seus livros on-line em
www.morebooks.shop

Printed by Books on Demand GmbH, Norderstedt / Germany